Series Diversity Management

シリーズ ダイバーシティ経営

責任編集 佐藤博樹・武石恵美子

働き方改革の基本

佐藤博樹・松浦民恵・高見具広 [著]

中央経済社

「シリーズ　ダイバーシティ経営」刊行にあたって

　現在，ダイバーシティ経営の推進や働き方改革が本格化し，企業の人材活用のあり方が大きく変わり始めている。それによって，職場における施策やマネジメントのみならず，労働者個人の働き方やキャリアのあり方においても対応が迫られている。こうした状況を踏まえ，本シリーズは，著者らが参画するプロジェクトの研究成果を土台とし，「ダイバーシティ経営」に関する基本書として刊行するものである。本シリーズで「ダイバーシティ経営」とは，多様な人材を受け入れ，それぞれが保有する能力を発揮し，それを経営成果として結実させるという戦略をもって組織運営を行うことを意味している。各巻は，働き方改革，女性活躍のためのキャリア支援，仕事と子育て・介護の両立，管理職の役割といったテーマで，ダイバーシティ経営に関わる実態や課題に関する内外の主要な研究動向を踏まえるだけでなく，それぞれのテーマに関する主要な論点を取り上げ，「ダイバーシティ経営」に関わる研究者や実務家の方々に対して有益な情報を提供できるものと確信している。

　上述のプロジェクトは，中央大学大学院戦略経営研究科に産学協同研究として設置された「ワーク・ライフ・バランス＆多様性推進・研究プロジェクト」（2014年度までは東京大学社会科学研究所の「ワーク・ライフ・バランス推進・研究プロジェクト」）で，2008年10月に発足し，共同研究に参加している企業・団体（2020年度現在30社・団体）と研究者が連携し，プロジェクトのテーマに関わる課題について，調査研究や政策提言，さらに研究成果を広く普及するための成果報告会などを行ってきた。当初は「ワーク・ライフ・バランス」をメインテーマに掲げ，職場における働き方改革や人材マネジメント改革について検討を進めてきた。2012年度からは，テーマを「ワーク・ライフ・バランスと多様性推進」へと広げ，働き方改革を含めて多様な人材が活躍できる人事制度や職場のあり方について議論を進めてきた。人材の多様性に関しては，女性，高齢者，障害者，LGBTなどを取り上げ，多様な人材が真に活躍できる人事制度のあり方や，働き方を含めた人材マネジメントのあり方について検討を進め

てきている。検討にあたっては，アンケート調査やインタビュー調査などデータ収集と分析を行い，エビデンスを重視して，法制度や企業の人事施策，職場マネジメント，さらには働く人々個人に対する提言などの発信を行ってきた。

　これまでの研究成果は，第1期：佐藤・武石編著『ワーク・ライフ・バランスと働き方改革』（勁草書房，2011年），第2期：佐藤・武石編著『ワーク・ライフ・バランス支援の課題』（東京大学出版会，2014年）を，第3期：佐藤・武石編著『ダイバーシティ経営と人材活用』（東京大学出版会，2017年）として順次書籍を刊行してきている。

　本プロジェクトにおける研究は，プロジェクト参加企業との連携により実施したものが多く，また，研究結果はプロジェクトの研究会において常に実務家にフィードバックして意見交換をすることにより，現場の実態や課題認識に裏付けられることを重視してきた。プロジェクト参加企業の担当者の皆様のご協力やご意見が，本シリーズの成果に繋がっていることに心からお礼を申し上げたい。

　最後に，本書の出版に際しては，株式会社中央経済社社長の山本継氏，編集長の納見伸之氏，担当の市田由紀子氏と阪井あゆみ氏にお世話になった。記してお礼を申し上げたい。

　2020年6月

責任編集　佐藤　博樹

武石恵美子

はじめに

　働き方改革への社会的な関心が高まり，企業による働き方改革の取り組みも進展しつつある。ただし，企業における働き方改革の現状を分析すると，残業など長時間労働の解消の取り組みが主となっている（狭義の働き方改革）。働き方改革には，長時間労働の解消も含まれるが，長時間労働の解消のみがその目的ではない。働き方改革において大事な取り組みは，多様で柔軟な働き方の実現と社員ひとり一人が高い時間意識を持った働き方へ転換することにある（広義の働き方改革）。この点では，残業のない職場でも働き方改革が必要となる。

　働き方改革で解消すべき課題は，仕事が終わらなければ残業すれば良いと考える「安易な残業依存体質」である。安易な残業依存体質が根強い結果，時間を大事に活用する意識が弱く，労働生産性が低くなるという経営課題が存在する。いい仕事をしていてもその仕事に投入する時間に無駄があったり，過剰品質が生じたりすることにもなる。

　安易な残業依存体質が根強い背景には，必要な時にはいつでも残業ができる社員，つまり仕事中心の「ワーク・ワーク社員」が基幹的な人材層を構成していた時代にできあがった，フルタイム勤務でかつ残業を前提とした固定的な働き方が，根強く存続していることがある。現状の働き方を前提とすると，働く時間や場所に制約があったり，仕事も仕事以外の生活も大事にしたい「ワーク・ライフ社員」の人材活用が阻害され，そうした人材が意欲的に仕事に取り組めないという人材活用上の課題が生じることにもなる。企業が「ワーク・ワーク社員」だけでなく，仕事以外にも大事なことや取り組まなければならないことがある「ワーク・ライフ社員」を受け入れ，そうした人材が保有する能力を活用するためには，従来の残業を前提としたフルタイム勤務の固定的な働き方の改革が求められている。つまり働き方改革は，ダイバーシティ経営や社員のワーク・ライフ・バランスを実現するための土台整備の取り組みだといえる。

　広義の働き方改革を進めるためには，社員一人ひとりが時間意識の高い働き方に転換することや，多様な働き方や多様な部下をマネジメントできるように管理職の職場マネジメントを改革することが不可欠となる。社員一人ひとりが時間意識の高い働き方に転換することと，管理職の職場マネジメントの改革は，相互に関係する。

　企業が働き方改革を進める際に直面する課題は，社員の側にもある。それは社員のすべてが，働き方改革の必要性を感じていないことによる。社員の中には，「ワーク・ライフ社員」だけでなく，「ワーク・ワーク社員」がまだかなりの比重を占めている。そして，「ワーク・ワーク社員」は，固定的な働き方や長時間労働など現状の働き方に課題を感じていないことが多い。そのため，企業による働き方改革の取り組みで，長時間労働が解消されたにも関わらず，社員の仕事満足度が低下した事例も散見されることになる。働き方改革に取り組んだ企業で社員の仕事満足度が低下した理由は，①残業削減で収入が減少したことや，②「好きな仕事や，やりたい仕事」に取り組むことができる時間が削減されたと社員が感じていることなどにある。残業削減による収入減への不満は，「ワーク・ワーク社員」だけでなく，「ワーク・ライフ社員」の間にもある。この不満を解消するためには，残業削減によって軽減されたコストを何らかの形で社員に還元することや，働き方改革に社員が取り組んだことを人事考課などでプラスに評価することなども企業に求められよう。

　「好きな仕事や，やりたい仕事」に取り組む時間が削減されたことに不満を感じるという課題を解消するためには，働き方改革で創出された時間が，「自分の人生を豊かにするために使うことができる時間」なのだと，社員が受け止めることができるかどうかが鍵となる。「豊かな人生」は，仕事の充実だけでなく，仕事以外の生活の充実の両者によるものだと，社員が捉えるかどうかによるのである（働き方改革と生活改革の好循環）。もちろん，仕事が好きなことは悪いことではない。しかし，仕事が好きでも，仕事のみの生活をしている社員は，視野や人間関係が仕事に偏ることで成長機会が制約される懸念もあることから，実は，企業にとって課題をもたらす時代なのである。この点に関する社員自身の自覚も必要になる。

　さらに「ワーク・ライフ社員」を増やしていくためには，残業削減だけでなく，メリハリのある働き方の実現を通じて，社員ひとり一人が「平日のゆとり」を確保できるようにすることも大事になろう。残業時間を削減することは望ましいことであるが，より大事なのは毎日1時間の残業でなく，残業ゼロの日を確保すること，つまり「平日のゆとり」の実現である。仕事以外の生活の充実のためには，例えば，残業ゼロの日と残業2時間の日の組合せの方が望ましい。それは「平日のゆとり」がないと，平日に仕事以外で様々な活動に取り組むことができないことによる。

　最後に，本書『働き方改革の基本』の内容が，ダイバーシティ経営を推進されている企業の皆さんにとって，働き方改革に取り組む際に多少でも有益な情報となることを期待している。

　2020年8月

佐藤　博樹

松浦　民恵

高見　具広

目　次

第2章　ワーク・ライフ・バランスに関わる労働時間の多様な側面　31

4

第5章　勤務場所の柔軟化：
在宅勤務などテレワーク　　　　105

序 章

ダイバーシティ経営の土台作りとしての
働き方改革

1 ダイバーシティ経営や社員のワーク・ライフ・バランスを阻害する働き方の2極化

　日本の労働者全体の年間総実労働時間（残業などを含めて実際に働いた時間）の推移を見ると，1980年代後半では2100時間を超えていた。その後，90年代前半に大幅に減少して1900時間台となり，2000年代には1800時間程度まで低下した。しかし，フルタイム勤務のいわゆる正社員（一般労働者）を取り出すと，年間総実労働時間はさほど減少せず，2000時間強（2018年は2010時間）のまま推移している[1]。これは，労働者全体でみた実労働時間の減少は，短時間勤務のいわゆるパートタイム社員の増加によるためであるといえる。つまり，いわゆる正社員と非正社員の処遇面での2極化だけでなく，労働時間面でも働き方の2極化が進展している。さらに，正社員に関しても業種，職種，性別，年齢などによって実労働時間のバラツキが大きい点にも留意が必要となる。

　こうした正社員の長時間労働は，女性正社員の就業継続や活躍の場の拡大を阻害する要因になっていることが指摘されている。例えば，子育て中の女性正社員は，以前とは異なり，法律面の整備もあり両立支援制度を利用することで，退職せずに継続就業することが可能になった。しかし，育児休業やその後の短時間勤務から，なかなかフルタイム勤務に復帰しにくいという職場状況がある。フルタイム勤務では残業が当然視される職場が多いため，フルタイム勤務に戻

ると仕事と子育ての両立，つまりワーク・ライフ・バランス（以下ではWLB
と略）の実現が難しいことによる。こうした結果，法定を上回る期間の短時間
勤務を導入していることが多い大企業では，子育て中の女性社員が短時間勤務
を長期に利用する傾向が確認されている。短時間勤務の長期間の利用は，仕事
上での有益な経験や機会を制約することになり，女性のスキル獲得・向上や
キャリア形成を制約することにもなる（佐藤・武石2014；武石・松原2017）。
さらに，両立支援制度を利用している正社員と残業を期待されて働いている正
社員との間に軋轢が生じているとの指摘もある[2]。

　また，残業を前提とした正社員の働き方は，子育てなどで退職した女性が，
再就業を希望する場合に正社員として就業することや，パートタイム勤務の社
員が正社員に転換したりすることを難しくしている。さらに，正社員女性が，
管理職昇進を躊躇する理由の一つとして管理職の働き方がある。労働基準法上
の管理監督者に該当する管理職は時間管理から外れるが，現状の管理職の働き
方が長時間労働であることが少なくないことによる。大手企業でも一般職は残
業が少なく，有給休暇（以下，有休）の取得率が高いものの，他方で，管理職
は長時間労働で有休の取得率が低いという例も珍しくない。女性の活躍の場の
拡大にとっても長時間労働の解消など働き方改革が求められている。

　このように労働時間面で2極化した働き方の改革は，単に長時間労働の解消
ということだけでなく，企業にとっては女性を含めた多様な人材が活躍できる
職場・働き方の構築，つまり「ダイバーシティ経営」[3]の土台作りに繋がるもの
で，同時に社員にとってはWLBの実現に貢献するものとなる。

2　ワーク・ライフ・バランス実現に不可欠な労働時間の多様化と柔軟化

　多様な人材が活躍できるダイバーシティ経営や社員のWLBを実現するため
には，長時間労働の解消に加えて，働き方の柔軟性を左右する労働時間の多様
な側面に着目することが求められる。とりわけ日本の働き方は，海外と比較す
ると仕事や出退勤の裁量度などが低く硬直的なため，働き方の柔軟化が課題と

なっている（第2章の図表2-1から図表2-3を参照）。

　社員のWLBと労働時間の関係に関する先行研究を見ると，労働時間の多様な側面の重要性が指摘されている[4]。具体的には，就業者の①労働時間の長さ，②労働時間配分に関する裁量度，③就業時間帯，④労働時間と労働時間の間の休息時間の長さなどである。働き方改革関連法で導入された残業時間の上限規制は上記の①に，勤務間インターバルは上記の④に含まれる。このように労働時間の多様な側面の重要性が確認できると，残業の上限規制や勤務間インターバル規制のみでは，社員のWLBを向上することができないことになる。つまり，働く時間の量を削減すると同時に，働き方の柔軟化など労働時間の多様な側面の改善が重要になる。

　例えば働く時間帯では，週当たりでみれば同じ労働時間であっても，就業する時間帯によって労働者のWLBに差が生じることが知られている。平日昼間に就業することを前提とした社会生活が一般的であることから，夜間や深夜の労働の頻度が多かったり，土曜や日曜の労働の頻度が多くなったりすることは，社員が家族と過ごす時間を制限する可能性が高く，社員のWLBの実現を難しくすることになる。

　また，労働時間の長さが同じでも，労働時間配分の裁量度はWLBを左右する要因として重要である。労働時間配分の裁量とは，社員が自分で始業・終業時刻を決定できたり，休憩時間を設定できたりするものである。例えば，フレックスタイム制は，仕事の進捗や生活にあわせて社員に始業・終業時刻の選択可能性を与えるもので，裁量労働制は労働時間だけでなく，仕事の進捗管理などに関しても社員に選択可能性を与えるものになる。ただし，労働時間や仕事に関する選択権を実際に活用できるかどうかは，上司のマネジメントや社員の自己管理能力（仕事と時間）に依存する（佐藤，1997）。つまり，労働時間配分の裁量度を高めることに貢献する制度，例えばフレックスタイム制などを導入しただけでは，自動的に社員のWLB向上に繋がるわけではない。社員が時間配分の裁量を発揮できないような業務量を課したり，業務スケジュールを組むことは避けるべきなのは言うまでもない。制度がその趣旨に即して活用できてはじめてWLBの向上が実現することになるからである。個人的な事情か

ら勤務時間中に仕事を離れることができるといった「勤務中断」の自由度も労働時間配分の裁量に含まれる。

　さらに，労働時間ではないが，通勤時間も社員にとっては拘束時間となることから，通勤時間が長くなるとWLBが低下することも明らかになっている。通勤時間が長い都市部では，労働時間に加えて通勤時間がWLBを左右することになる。そのため，通勤を通信に代替できる在宅勤務などのテレワークは，通勤時間の削減に貢献し，ひいては社員のWLB向上に貢献する可能性が高い。

3　狭義の働き方改革と広義の働き方改革

　働き方改革関連法の施行など，働き方改革への社会的な関心が高まり，企業による働き方改革の取り組みも進展しつつある。しかし，企業における働き方改革の現状をみると，長時間労働の解消（「狭義の働き方改革」）が主となっている。もちろん，健康を害するような過度な長時間労働や法違反は，即座に解消すべきものとなる。ただし，長時間労働の解消のみが働き方改革の目的ではない。長時間労働の解消のみが優先される単なる残業禁止策では，社員の「持ち帰り残業」といった対応につながるなど，不払い残業を増やすだけに終わる可能性が高いことに留意が必要となる。

　働き方改革に不可欠なのは，社員1人1人が高い時間意識を持った働き方へ転換することである。この点で，残業のない職場でも働き方改革が必要となる。なぜなら，残業がない職場と時間意識の高い働き方が行われている職場とは必ずしも一致しないからである。つまり，働き方改革の本質的な取り組みは，①社員1人1人が時間意識の高い働き方に転換すること，さらに②多様な人材を受け入れることができ，それぞれの人材が活躍できるようにするダイバーシティ経営やWLB支援の土台作り，の2つである。この2つの取り組みが「広義の働き方改革」となる。

　社員1人1人の働き方を時間意識の高い働き方に転換するためには，時間をかけた働き方を評価する職場風土の解消が不可欠となる。時間をかけた働き方を評価する職場風土を改革するためには，企業がこれまで望ましいとしてきた

働き方を評価する仕組みの見直しが必要になる。働き方の評価では，人事考課の運用面での改革も必要となる。

　また，時間をかけた働き方に依存するビジネスモデルや取引先との関係，さらには要員の量・配置など，企業としての経営戦略や人事戦略の見直しも必要となる。これらにより，安易な残業依存体質の解消を通じて，不要な残業などが削減され，その結果，長時間労働の解消にも繋がることになる。

4　働き方改革の鍵は管理職の職場マネジメントに

　働き方改革の成否は，主として職場の管理職のマネジメントにかかっている。管理職が，時間制約を前提とした仕事管理・時間管理を行うためには，まず管理職自身が時間制約を自覚することが必要となる。しかし現在の管理職には，これまで時間制約を意識せずに仕事をしてきた者が多いという課題がある。「仕事中心の価値観」を持っているだけでなく，そうした価値観を望ましいと考えている管理職が少なくないことがある。

　こうした仕事中心の価値観を変え，管理職自身が自分のWLBを大事にすることが鍵となる。管理職自身に，WLBを実現できる職場作りを自分の課題として理解してもらう一つの方法として，仕事と介護の両立を取り上げることが有効である。これまで時間制約を感じずに仕事中心の生活をしてきた管理職も，今後は仕事と親の介護の両立の課題に直面することで，自分にも時間制約が生じることを説明し，管理職自身のWLB実現にとっても働き方改革が不可欠なことを理解してもらうわけである（佐藤・矢島2018）。

　管理職が，働き方改革を担うためには，管理職自身の働き方を見直し，管理職としての本来の役割を担えるようにする必要がある。企業としては，働き方改革を担うことを管理職に求めるのであれば，その役割を担えるように支援することが課題となる。現状は，企業による働き方改革の取り組みが，むしろ管理職自身の多忙化をもたらし，働き方改革を管理職が担うことを阻害している状況すらみられる。

5　柔軟な働き方としてのテレワーク

　多様な人材が活躍できるダイバーシティ経営と社員のWLBを実現するために
は，労働時間面での働き方改革のみでなく，勤務場所の柔軟化を可能とする
働き方改革も有効である。IT技術の発展が，就業場所の自由度と柔軟性を高
めていることが背景にある。しかし従来，在宅勤務について，育児や介護など
働き方に制約がある社員にのみ限定して認めている企業が主だった。他方で，
通常の勤務場所以外での就業を認める在宅勤務以外のテレワークに関しては，
企業による活用が加速していた。これは出勤を前提とした上で，通常の勤務場
所以外での就業を認める働き方であることによろう。また，在宅勤務などテレ
ワークを導入する際の障害は，管理職の抵抗である。在宅勤務やモバイルワー
クでは，管理職が部下の働きぶりを直接管理できず，部下の働きぶりに不安を
抱くことが障害となっている。この点は，管理職自身に在宅勤務やモバイル
ワークを経験させることで解消できることが知られている。

　なお，2020年4月から5月にかけて，新型コロナウイルスによる政府の緊急
事態宣言への対応から，事前準備がない状況下で社員の在宅勤務が不可避と
なったことが，テレワークに大きな影響を及ぼしている。新型コロナウイルス
対応のためのテレワークが，今後の在宅勤務の拡大につながる可能性がある[5]。

6　働き方改革と生活改革の好循環

　企業や管理職が働き方改革を進める際の障害は，社員の側にもある。社員の
すべてが仕事だけでなく，仕事以外の生活も大事にしたい「ワーク・ライフ社
員」ではないことによる。仕事のみの生活の「ワーク・ワーク社員」からする
と，働き方改革の必要性を理解できないのである。

　こうした状況を改革するためには，働き方改革と同時に，仕事以外に大事な
ことがあるワーク・ライフ社員を増やすことに繋がる社員の「生活改革」が必
要となる。しかし，仕事以外のやりたいことを社員が持つようになる生活改革

の取り組みは，企業にとっては難しいものと言える。その理由は，当然のことながら退社後の生活時間の使い方が社員の裁量に任されていることによる。

　企業として可能な取り組みは，望ましい社員像の転換である。仕事ができるだけでなく，仕事以外にも大事なことがあることが，仕事面でも貢献できる社員であると，望ましい社員像を転換することである。仕事と仕事以外の生活をマネジメントし，自分のキャリアや生活をデザインできる社員が望ましい，とするメッセージを企業が社員に発信するのである。

　仕事と仕事以外の生活をマネジメントすることは，これまでもワークライフ・マネジメントやバウンダリー・マネジメント（境界管理）として議論されてきた。今後はますます仕事と仕事以外の生活の「境界管理」が重要となることが間違いない。それは，いつでもどこでも仕事ができる新しい就業環境が出現しつつあることによる。ワーク・ワーク社員がこうした環境に置かれると，働きすぎの問題が悪化する可能性が高くなる。こうしたことを避けるためにも，ワーク・ライフ社員を増やしていく生活改革を，働き方改革と並行して進めることが企業に求められている。社員にとっては，仕事や職場だけでなく，仕事以外にも自分の居場所を探すことが大事になる。家族との時間を大事にする，異業種の勉強会に参加する，社会人大学院に入学しMBAの取得を目指す，地域の趣味の会合に参加するなど，仕事や職場とは異なる場所で多様な人材と出会うことが生活を豊かにし，結果として仕事の充実に繋がることによることによる[6]。

7　本書の構成

　上記の問題意識を踏まえて，本書の各章では，下記のテーマを取り上げる。第1章（「日本の労働時間の変化と現状」）では，日本における労働時間規制の変遷を概観した上で，長時間労働の現状と課題を紹介し，続く第2章（「ワーク・ライフ・バランスに関わる労働時間の多様な側面」）では，国際比較を踏まえて日本の働き方の特徴を明らかにすると同時に，ダイバーシティ経営やWLB支援に貢献する柔軟で多様な働き方を実現するために着目すべき労働時

間の多様な側面を取り上げる。第3章（「企業における働き方改革の現状と課題」）では，長時間労働解消のための狭義の働き方改革に加えて，企業による広義の働き方改革の現状と課題を検討する。第4章（「働き方改革の担い手としての管理職」）では，働き方改革の職場での担い手となる管理職の職場マネジメントの重要性を議論する。第5章（「勤務場所の柔軟化―在宅勤務などテレワーク」）では，勤務場所の柔軟化として，在宅勤務などテレワークを紹介する。最後に，第6章（「働き方改革と生活改革」）では，働く人の私生活に焦点を当て，働き方改革と生活改革の好循環の実現に向けて，個人や企業がやるべきことについて考察する。

注

1　厚生労働省「毎月勤労統計調査」による。
2　この課題を解消しようとする企業の取り組み例として資生堂の事例がある。詳しくは，石塚（2016）を参照されたい。
3　経済産業省の新・ダイバーシティ企業経営100選では，ダイバーシティ経営について，「多様な人材を活かし，その能力が最大限発揮できる機会を提供することで，イノベーションを生み出し，価値創造につなげている経営」とし，「多様な人材」を「性別，年齢，人種や国籍，障がいの有無，性的指向，宗教・信条，価値観などの多様性だけでなく，キャリアや経験，働き方などの多様性」と定義している。
4　佐藤（2012）や島貫・佐藤（2017）及びそれぞれの参考文献を参照されたい。
5　海外では，在宅勤務を労働者の権利とする議論も行われている（「在宅勤務権」）。
6　佐藤・松浦（2019）によると，「知的好奇心」，「学習習慣」，「チャレンジ力」を合わせ持つ変化対応行動ができている社員は，多様性や変化に富んだ職場経験や，多様な人々との交流などによって「変化対応行動」の向上に貢献することが明らかにされている。働き方改革で生み出された時間が，社員によって多様な人々との交流機会に活用されれば，社員の「変化対応行動」の向上につながる可能性が高い。

参考文献

石塚由紀夫（2016）『資生堂インパクト：子育てを聖域にしない経営』日本経済新聞出版社.
佐藤博樹（1997）「労働時間の弾力化が機能する条件」『日本労働研究雑誌』448号，pp.44-53.
佐藤博樹（2011）「序章　ワーク・ライフ・バランスと働き方改革」佐藤博樹・武石恵美子編著（2011）『ワーク・ライフ・バランスと働き方改革』勁草書房.
佐藤博樹（2012）「生活時間配分」佐藤博樹・佐藤厚編著『仕事の社会学：変貌する働き方（改訂版）』有斐閣.
佐藤博樹（2019）「ダイバーシティ経営と人材マネジメントの課題―人事制度改革と働き方の柔軟化」鶴光太郎編著『雇用システムの再構築に向けて―日本の働き方をいかに変える

か』日本評論社.

佐藤博樹・武石恵美子（2014）「短時間勤務制度利用の円滑化―どうすればキャリア形成につながるのか」佐藤博樹・武石恵美子編著（2014）『ワーク・ライフ・バランス支援の課題　―人材多様化時代における企業の対応』東京大学出版会.

佐藤博樹・武石恵美子編著（2017）『ダイバーシティ経営と人材活用―多様な働き方を支援する企業の取り組み』東京大学出版会.

佐藤博樹・松浦民恵（2019）「『変化対応行動』と仕事・仕事以外の自己管理－ライフキャリアのマネジメント」日本キャリアデザイン学会『キャリアデザイン研究』Vol.15，pp.31-44.

佐藤博樹・矢島洋子（2018）『新訂　介護離職から社員を守る―ワーク・ライフ・バランスの新課題』労働調査会.

島貫智行・佐藤博樹（2017）「勤務間インターバルが労働者のワーク・ライフ・バランスに与える効果」『季刊労働法』258号，pp.168-180.

武石恵美子・松原光代（2017）「短時間勤務制度利用者のキャリア形成―効果的な制度利用のあり方を考える」佐藤博樹・武石恵美子編著（2017）『ダイバーシティ経営と人材活用―多様な働き方を支援する企業の取り組み』東京大学出版会.

第 **1** 章

日本の労働時間の変化と現状

　日本で1947年に制定された労働基準法は，週の法定労働時間として長らく週48時間制を採用してきた。1987年の労働基準法改正により，1988年から週40時間制への段階的な移行がスタートし（全面実施は1997年から），新たな変形労働時間制，事業場外みなし労働，専門業務型裁量労働制といった多様な労働時間制度も創設された。法定労働時間が週40時間になったことで，週休2日制の導入が1990年代前半に急速に進展した。週40時間制移行の背景には内需の拡大を図る経済政策があったが，その後不況下における雇用の維持・創出，ホワイトカラーの生産性向上，仕事と生活の調和（ワーク・ライフ・バランス）の実現，過労の防止・健康の確保といった多様な観点から，労働時間規制の内容が見直されてきた。

　1987年の労働基準法改正以降，全体として労働時間は大きく減少した。しかし先行研究によると，それは短時間労働者の増加による面が大きく，フルタイム労働者に限ってみればむしろ平日の実労働時間は増加し，睡眠時間が減少しているとも指摘されている（山本・黒田，2014等）。つまり，フルタイム勤務が多い正社員と短時間勤務が多い非正社員の間で，実労働時間をはじめとする働き方の格差が顕著となっており，働き方の二極化が起こっている。また，正社員の働き方も均質ではなく，業種や規模，職種，性別，年齢による労働時間格差も存在している。

1 労働時間に関する法的ルール

　日本の労働時間規制は，どのような時代背景のもとで，どのような変遷を経てきたのであろうか。1 では，労働基準法制定以降の労働時間規制の変遷（図表 1 - 1 ）を概観した上で，働き方改革関連法による直近の改正内容について説明したい。

(1)　働き方改革関連法制定前までの労働時間規制の変遷

　日本においては，戦後の民主化のもと，過酷な長時間労働を含む戦前の封建的な労働慣行が再び繰り返されることがないように，1947年に労働基準法が制定され，法定労働時間が 1 日 8 時間，週48時間とされた。この法定労働時間は約40年にわたって踏襲されてきたが，貿易摩擦に端を発する日本人の「働きすぎ」に対する国際的な批判に対応し，内需の拡大を促す必要性が高まるなかで，1987年の労働基準法改正によって週40時間への段階的な移行（全面実施は1997年）がスタートし，年次有給休暇の最低付与日数も 6 日から10日に引き上げられることになった。

　これに先立って1986年に公表された『前川レポート』[1]では，内需主導型の活力ある経済成長への転換を図る策の一つとして「消費生活の充実」があげられ，そのための労働時間の短縮や有給休暇の集中的活用が謳われている。さらに1987年に公表された『新前川レポート』[2]では，先進諸国を大きく上回る日本の長時間労働の実態から，「2000年に向けてできるだけ早期に，現在のアメリカ，イギリスの水準を下回る1800時間程度（例えば完全週休二日制実施，有給休暇20日完全消費のケースにほぼ対応）を目指すことが必要」（p.13）というように，年1800時間という具体的な数値目標も盛り込まれた。つまり週40時間（ 1 日 8 時間）は，週休 2 日制の普及を狙った時間設定だといえる。

　1987年の労働基準法改正は，新しい変形労働時間制の創設（原則最長 1 か月としつつ，一定要件のもとで 1 週間単位， 3 か月単位を認めるとともに，フレックスタイム制も法定化），営業職等を対象とする事業場外みなし労働の法

定化，専門業務型裁量労働制の創設といった，多様な労働時間制度に関する法
整備の皮切りにもなった。

　その後バブル経済の崩壊から立ち直れないままに不況が長引き，1990年代半
ばから2000年代半ばには雇用環境が一層深刻化した。2002年には厚生労働省・
日経連・連合による『ワークシェアリングに関する政労使合意』（2002年3月）
に雇用の維持・創出のための労働時間短縮が盛り込まれた。

　また，多くの日本企業がグローバル競争で苦戦を強いられるなかで，とりわ
けホワイトカラーの生産性が国際的に低いという課題意識が高まってきた。こ
のような状況下，裁量労働制について，専門業務型裁量労働制の対象業務が追
加され，2000年には企画業務型裁量労働制が創設された。さらに，経営者団体
からは，「労働時間」と「非労働時間」の境界が曖昧で，仕事の成果と労働時
間の長さが必ずしも合致しないというホワイトカラーの働き方の特質を踏まえ
た『ホワイトカラーエグゼンプションに関する提言』（日本経済団体連合会，
2005年）が発表され，裁量労働制よりもさらに柔軟な働き方の法定化も議論の
俎上にのぼってきた[3]。

　一方，1人の女性が一生の間に生む子ども数を表す合計特殊出生率は，前年
から大きく低下した1989年の「1.57ショック」以降も低下に歯止めがかからず，
2005年には1.26まで落ち込んだ。進行著しい少子化のもとで，ワーク・ライ
フ・バランスの必要性に対する認識が広がり，2007年2月に発足した「『子ど
もと家族を応援する日本』重点戦略検討会議」が同年12月に重点戦略をとりま
とめた。ここでは，「働き方の見直しによるワーク・ライフ・バランスの実現」
と「包括的な次世代育成支援の枠組みの構築」を「車の両輪」として同時並行
的に進める必要性が強調された。また，仕事と生活の調和の実現という方向性
を示す『仕事と生活の調和（ワーク・ライフ・バランス）憲章』（2007年12月）
や，実現に向けた企業や個人の取り組みと国や地方公共団体の施策の方針を示
す『仕事と生活の調和推進のための行動指針』（2007年12月）がとりまとめら
れ，長時間労働の抑制や働き方の多様化にも言及された[4]。このように，子ど
もを育てながら就業を継続しやすいワーク・ライフ・バランス実現の観点から
も，労働時間や働き方の課題に目が向けられるようになってきた。

　さらに，2000年代に入ってからメンタルヘルス不調による労災請求件数が急増し[5]，過労死が改めて問題視されるなかで，2006年に「労働者の心の健康の保持増進のための指針」（2006年3月31日　健康保持増進のための指針公示第3号）[6]が発出された。この時期には大手ハンバーガーチェーンのいわゆる「名ばかり管理職訴訟」（2009年に東京高裁で和解）も社会的に注目され，管理職に対する労働時間規制の適用除外に対してより厳しい目が向けられるようになっていた。労働時間規制が部分的に適用除外となる裁量労働制に対しても，健康・福祉確保措置や苦情処理措置が導入された（企画型裁量労働制は2000年の創設当初より，専門業務型裁量労働制は2004年より）。また，2014年には，過労死のない社会の実現に向けて具体的な取り組みを促す過労死等防止対策推進法が施行された。

　このように，戦後の労働時間規制は，内需の拡大を図る経済政策としての1987年の労働基準法改正以降も，不況下における雇用の維持・創出，ホワイトカラーの生産性向上，仕事と生活の調和（ワーク・ライフ・バランス）の実現，過労の防止・健康の確保といった多様な観点から検討が加えられて変遷してきた。

(2)　働き方改革関連法による労働時間規制の見直し

　2010年代に入り経済環境が改善の兆しを見せ，労働力人口の減少に伴う人手不足が顕在化すると，ダイバーシティ経営の必要性が改めて注目された。また，国内外で競争力を高めるためにホワイトカラーの生産性向上がより重要なテーマとなり，生産性を大きく向上させ得るイノベーションを待望する声も高まってきた。つまり，ダイバーシティやイノベーションといった観点から，働き方改革を促す機運が高まってきた。

　そういうなかで，2016年に大手広告会社の女性新入社員の過労自殺に対して労災認定が出されたことを契機として，改めて長時間労働に対する社会的批判が大きく広がった。過労死防止に向けて，2016年には「『過労死等ゼロ』緊急対策」（2016年12月），2017年には「労働時間の適正な把握のために使用者が講ずべき措置に関するガイドライン」（2017年1月）が公表されるなど，政府に

よる取り組みが一気に加速した。

　さらに2018年には「働き方改革関連法」（図表1-2）が成立し，長時間労働抑制や生産性の向上の観点から労働基準法等の改正が行われた。

図表1-1　働き方改革関連法制定前までの労働時間規制の主な変遷

施行年	法定労働時間	時間外労働	割増賃金	年次有給休暇	多様な働き方
1947	労働基準法制定（1947年公布）				
	－週48時間制		－時間外・深夜・休日ともに25%	－1年以上継続勤務で最低付与日数6日	
1982		目安指針制定			
1988	労働基準法改正（1987年公布）				
	－週40時間制へ段階移行 ・週46時間制（猶予措置あり）			－最低付与日数引上げ（6日→10日） －所定労働日数に応じた比例付与制度の創設 －計画年休制度の創設 －不利益取扱の禁止	－変形労働時間制（1週間・1か月・3か月，フレックスタイム制）の創設 －事業場外みなし労働の法定化 －専門業務型裁量労働制の創設
1991	・週44時間制（猶予・特例措置あり）				
1992	時短促進法制定（1992年公布）				
	－時短計画策定（年1800時間目標）				
1994	労働基準法改正（1993年公布）				
	・週40時間制（猶予・特例措置あり）		－休日35%	－初年度の継続勤務要件短縮（1年→6か月）	－変形労働時間制（1年単位）創設 －専門業務型裁量労働制の対象業務（5業務）の明示
1997	・週40時間制全面実施（特例措置あり）				〈告示改正〉専門業務型裁量労働制の対象業務拡大（6業務追加）
1999	労働基準法改正（1998年公布）				
		－目安指針の法定化（限度基準告示）		－2年6か月超の継続勤務1年毎の付与日数を2日ずつに引上げ	

年				
2000				－企画業務型裁量労働制の創設（健康・福祉確保措置，苦情処理措置等）
2002				〈告示改正〉専門業務型裁量労働制の対象業務拡大（7業務追加）
2004	労働基準法改正（2003年公布）			
	－限度基準告示の改正（特別条項による延長を「臨時的なもの」に限定）			－専門業務型裁量労働制の見直し（健康・福祉確保措置，苦情処理措置の導入等）－企画業務型裁量労働制の見直し（要件・手続きの規制緩和等）
2006	時短促進法改正→労働時間等設定改善法（2005年公布）			
	－労働時間等設定改善指針を策定			
2010	労働基準法改正（2008年公布）			
	－限度基準告示の改正（割増賃金率に関する記載の追加等）	－月当たり60時間超の時間外50％（猶予措置・休暇付与による代替措置あり）	－時間単位の取得制度の創設（5日限度）	

注1：目安指針は「労働基準法第36条の協定において定められる1日を超える一定の期間についての延長することができる時間に関する指針」（1982年労働省告示第69号）

注2：限度基準告示は「労働基準法第36条第1項の協定で定める労働時間の延長の限度等に関する基準」（1998年労働省告示第154号）。1998年の改正で，もともとあった目安指針の根拠規定が置かれた

注3：時短促進法は「労働時間の短縮の促進に関する臨時措置法」，労働時間等設定改善法は「労働時間等の設定の改善に関する特別措置法」

注4：男女雇用機会均等法や育児・介護休業法の制定・改正に伴うもの等，労働時間の短縮や休暇取得推進を一義的な目的としていない改正については記載を省略している

出所：厚生労働省労働基準局（2005，2011）をもとに筆者作成

　労働時間規制においては，従来から時間外労働の上限規制と割増賃金という二つのアプローチがとられてきたが，上限規制については相当緩やかに運用されていた。労働基準法により，原則週40時間，1日8時間を超えて労働させてはならないとされているものの，同法第36条によって過半数組合又は過半数代表者と労使協定（いわゆる36協定）を締結し，労働基準監督署に届け出れば時間外，休日及び深夜労働が認められる。36協定による延長時間については，1999年に根拠規定が置かれた時間外労働の「限度基準告示」に原則となる延長

限度時間が規定されているものの，「特別の事情」による上限規制の例外を36協定で定めること（「特別条項付き協定」）で，例外的に年間6か月まで限度時間を延長することができた。2004年の「限度基準告示」の改正により，この特別条項による延長は「臨時的なもの」に限るとされたが，この間の時間外労働時間の上限は特に規定されていなかった[7]。

　しかしながら，この働き方改革関連法の成立に伴う労働基準法の改正によって，時間外労働に罰則付きの上限規制が設けられることとなった。すなわち，時間外労働の上限を原則として月45時間，年360時間としつつ，臨時的な特別の事情がある場合の特例（月平均60時間，年720時間）が，次の条件のもとで設けられた（2019年4月施行，中小企業は2020年4月施行）。

　①　休日労働を含んで，2か月～6か月平均は80時間以内

　②　休日労働を含んで，単月は100時間未満

　③　月45時間を超える時間外労働は年半分（6か月）まで

　他方，割増賃金については，従来から，時間外又は深夜（午後10時から午前5時まで）労働に25％以上，「時間外かつ深夜」の場合には50％以上の支払い義務が課されてきた。また，2008年の労働基準法改正により，月60時間を超える時間外労働に課されることになった50％割増賃金率については，中小企業に対して適用の猶予措置がとられていた。しかしながら，働き方改革関連法の成立に伴って2023年には中小企業にも同じ割増賃金率が適用されることになった。

　また，過労死を防止し健康維持のための休息を確保するために，2019年から企業に対して，勤務間インターバルの導入が努力義務化された。

　さらに，働き方改革だけでなく，労働者の休み方改革に繋がることが期待される改正内容として，企業は，10日以上の年次有給休暇が付与される労働者に対し，5日については，毎年時季を指定して与えなければならないとされたことも注目される。この改正により，5日間とはいえ労働者の有給休暇取得が企業の責務となったのである。

　一方，多様な働き方についても一層の整備が図られ，いわゆる「高度プロフェッショナル」[8]制度が導入された（2019年施行）。

図表 1-2 働き方改革関連法（注1）施行に伴う労働時間規制変更のポイント

項目・根拠法	概要	施行時期
労働時間に関する制度の見直し（労働基準法，労働安全衛生法）	・時間外労働の上限について，月45時間，年360時間を原則とし，臨時的な特別な事情がある場合でも年720時間，単月100時間未満（休日労働含む），複数月平均80時間（休日労働含む）を限度に設定。（労働基準法）（注2） ・月60時間を超える時間外労働に係る割増賃金率（50％以上）について，中小企業への猶予措置を廃止する。 ・使用者は，10日以上の年次有給休暇が付与される労働者に対し，5日について，毎年，時季を指定して与えなければならないこととする。（労働基準法） ・高度プロフェッショナル制度の創設等を行う（高度プロフェッショナル制度における健康確保措置を強化）。（労働基準法）（注3） ・労働者の健康確保措置の実効性を確保する観点から，労働時間の状況を省令で定める方法により把握しなければならないこととする。（労働安全衛生法）	2019年4月1日 （中小企業における時間外労働の上限規制の適用は2020年4月1日，中小企業における割増賃金率の猶予措置の撤廃は2023年4月1日）
勤務間インターバル制度の普及促進等（労働時間等設定改善法）	・事業主は，前日の終業時刻と翌日の始業時刻の間に一定時間の休息の確保に努めなければならないこととする。（注4）	
産業医・産業保健機能の強化（労働安全衛生法等）	・事業者から，産業医に対しその業務を適切に行うために必要な情報を提供することとするなど，産業医・産業保健機能の強化を図る。	

注1：働き方改革関連法は「働き方改革を推進するための関係法律の整備に関する法律」（2018年公布）
注2：自動車運転業務，建設事業，医師等について，猶予期間を設けた上で規制を適用等の例外あり。研究開発業務について，医師の面接指導を設けた上で，適用除外
注3：高度プロフェッショナル制度の適用に係る同意の撤回について規定を創設
注4：事業主の責務として，短納期発注や発注の内容の頻繁な変更を行わないよう配慮する努力義務規定を創設
出所：厚生労働省資料より。https://www.mhlw.go.jp/content/000332869.pdf（2020年7月末閲覧）

2　労働時間の変化と現状

　1で述べたような労働時間規制の変遷に伴って，実際の労働時間や有給休暇取得率はどのように変わってきたのか。2では，労働時間や有給休暇取得率の変化と現状を概観する。

⑴　労働時間における変化と正社員・非正社員の二極化

　厚生労働省の「毎月勤労統計調査」[9]をみると，他の先進諸国を大きく上回る水準で推移していた日本の年間総実労働時間（残業を含む実際に働いた時間）は，週40時間制への移行後1990年代に大きく減少し，1992年（事業所規模5人以上（以下同様），1982時間）には2000時間を，1997年（1891時間）には1900時間を割り，さらに2005年には1802時間まで低下した（2008年には1792時間となり，以降1800時間を下回る水準が続いている）。つまり『新前川レポート』の目標である年1800時間程度は，2000年代半ばには既に達成されていた。

　1990年代の労働時間の減少については，1987年の労働基準法改正の影響のみならず，バブル経済崩壊後の景気の低迷，労働組合の労働時間短縮闘争（松井，2017）等，さまざまな要因が指摘されてきたが，とりわけ大きな影響を与えた要因として広くコンセンサスを得られているのは短時間労働者の増加（山本・黒田，2014等）である。

　「毎月勤労統計調査」でフルタイム勤務の一般労働者に限定して総実労働時間をみると，2018年も2010時間と，1994年の2036時間から低下はしているものの1800時間を大きく上回っている。一方，雇用者に占めるパートタイム労働者の割合は1994年の14.6％から2018年には30.9％まで上昇し，パートタイム労働者の年間の総実労働時間は1172時間から1025時間にまで低下している（図表1-3）。

　労働時間に関する代表的な先行研究の一つである山本・黒田（2014）は，「社会生活基本調査」[10]の分析を通じて，「日本の雇用者1人当たりの平均労働時間の減少は主としてパートタイム雇用者比率の上昇によってもたらされてお

20

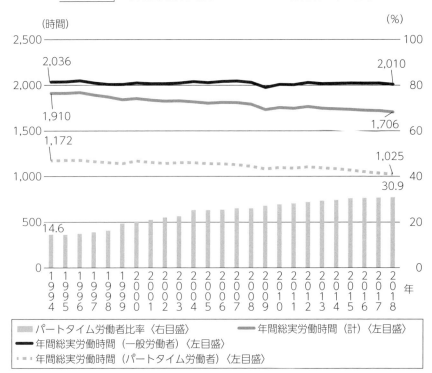

図表1-3　年間総実労働時間とパートタイム労働者比率の推移

注：事業所規模5人以上。年間総実労働時間は月間平均を12倍したもの
出所：厚生労働省「毎月勤労統計調査」より

り，フルタイム雇用者の平均労働時間は25年前と現在とでほとんど変化していない」（p.23）としている[11]。さらに，山本・黒田（2014）は，フルタイム労働者の平日の労働時間はむしろ増加しており，睡眠時間の減少を伴っていること，非正規雇用の就業時間帯が深夜化していることに警鐘を鳴らしている。

　このように，正社員と非正社員の間では，賃金などの処遇面での二極化だけでなく，労働時間や働き方の面でも二極化が起きている。

　また，労働時間と並んで，働き方を表す重要な指標となる有給休暇取得率も，日本は国際的にみて低いといわれている。図表1-4で年次有給休暇の付与日数・取得日数・取得率の推移をみると，1990年代後半に付与日数の増加もあいまって取得率が低下し，2001年には49.5％と50％を割って以降50％に満たない

図表1-4　年次有給休暇の付与日数・取得日数・取得率の推移

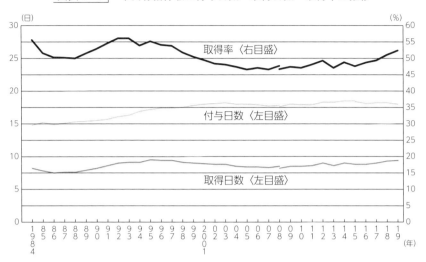

注1：各調査実施年の前年（または前々会計年度）1年間の付与日数等
注2：①2007年以前と2008年以降，②2014年以前と2015年以降で調査対象が変更されている。2008年と2015年については厚生労働省により計算された時系列比較用の試算値をそれぞれ2007年，2014年の値と接続して掲載
注3：1999年以前は調査対象期日が12月末日現在であったが，2000年より翌1月1日現在に変更された。このため，2000年度は名称が「2001年就労条件総合調査」と変更されており，「1999年賃金労働時間制度等総合調査」と継続している
出所：厚生労働省「賃金労働時間制度等総合調査」（1999年まで），「就労条件総合調査」（2001年以降）より，労働政策研究・研修機構が作成
　　　https://www.jil.go.jp/kokunai/statistics/timeseries/pdf/g0504.pdf（2020年7月末閲覧）

状況が長く続いていた。ただし，2018年（51.1％）には再び50％台に乗り，2019年には52.4％と改善の兆しが見えつつある。

⑵　正社員の労働時間における格差

　前述のとおり，日本の働き方においては正社員と非正社員の間で労働時間の二極化が顕著にみられるが，正社員の中でも労働時間にバラツキがみられる。
　総務省「就業構造基本調査」で週60時間以上働いている正社員の割合をみると，業種別では「運輸業，郵便業」「宿泊業，飲食サービス業」が25％程度と相対的に高く，中分類の「道路旅客運送業」「道路貨物運送業」「飲食店」では3割を超えている。職種別に週60時間以上の正社員の割合をみると，中分類の

「医師」や「自動車運転従事者」が4割弱，「教員」が3割強と顕著に高くなっている（図表1-5）。なお，規模間格差は業種や職種に比べて違いは小さいが，中堅・中小企業は大企業に比べて週60時間以上の割合が若干高くなる。

　労働組合活動の視点から松井（2017）は，「1990年代半ば以降は，日本経済の長期停滞により到達闘争の取組みすら困難な状況となった。1990年代前半までに労働時間を短縮した組合と短縮できなかった組合の格差が固定化し，流通，サービス業を中心に所定労働時間が2000時間を超える水準のまま取り残されている組合も多い」（p.36）とし，業種間などの労働時間格差を未解決の問題として指摘している。

　ただし，2012年と2017年を比較すると，業種別では教育・学習支援業を，また，職種別では教員を除いて週60時間以上働いている正社員の割合は概ね低下傾向にあり，全体としては労働時間の面での改善の兆しがみてとれる。

　また，週60時間以上働いている正社員の割合は，性別や年齢によっても差がみられる。2017年には，男性が14.4%，女性が6.3%と男性の方が高く，男性の中では30〜44歳が16.5%と最も高い。一般的には働き盛りと言われる年代であり，子どもがいる場合は育児期に該当するであろう男性の長時間労働が，2012年に比べれば改善しているものの，依然として残っている実態がみてとれる。

3　労働時間とダイバーシティ経営

　最後に，長時間労働の要因を整理した上で，長労働時間がダイバーシティ経営にどのように影響するかについて論じる。さらに，ダイバーシティ経営につながる働き方改革の方向性について考えてみたい。

⑴　長時間労働はなぜ発生するのか

　そもそも長時間労働はなぜ発生するのだろうか。労働経済学は伝統的には，労働時間の決定メカニズムを労働者が効用を最大化する選択行動として捉え，所得が増えれば労働時間を減らして余暇を増やすといういわゆる「所得効果」や，余暇で多く消費するために余暇を削って労働時間を増やすいわゆる「代替

図表 1-5　正規の従業員・職員に占める週60時間以上の割合

(%)

		2017年	2012年			2017年	2012年
計		11.8	14.0		管理的職業従事者	12.5	13.3
業種	鉱業，採石業，砂利採取業	4.6	6.0	職種	専門的・技術的職業従事者	12.9	13.7
	建設業	14.7	17.1		医師（歯科医師，獣医師を除く）	37.5	41.8
	製造業	8.1	9.0		教員	31.6	23.6
	電気・ガス・熱供給・水道業	5.5	4.4		事務従事者	6.2	7.1
	情報通信業	8.1	12.0		販売従事者	14.0	20.0
	運輸業，郵便業	25.8	28.5		サービス職業従事者	13.4	18.3
	道路旅客運送業	31.1	34.7		保安職業従事者	15.9	18.5
	道路貨物運送業	34.1	37.3		生産工程従事者	9.6	10.4
	卸売業，小売業	12.8	17.3		輸送・機械運転従事者	28.9	30.8
	金融業，保険業	8.0	11.7		自動車運転従事者	37.3	39.9
	不動産業，物品賃貸業	11.0	17.4		建設・採掘従事者	15.3	16.9
	学術研究，専門・技術サービス業	9.6	13.6		運搬・清掃・包装等従事者	13.8	15.0
	宿泊業，飲食サービス業	25.2	32.4		分類不能の職業	13.7	17.2
	飲食店	33.2	40.7	性別・年齢	男性	14.4	16.9
	生活関連サービス業，娯楽業	17.4	22.6		29歳以下	14.3	18.1
	教育，学習支援業	25.1	19.6		30〜44歳	16.5	19.5
	医療，福祉	5.8	6.7		45〜59歳	13.2	13.9
	複合サービス事業	5.7	6.0		60歳以上	9.5	10.6
	サービス業（他に分類されないもの）	9.6	11.9		女性	6.3	7.5
規模	99人以下	13.8	16.9		29歳以下	7.7	10.3
	100〜999人	12.1	15.3		30〜44歳	5.4	6.3
	1000人以上	10.1	12.6		45〜59歳	5.9	5.9
					60歳以上	7.6	10.9

注1：年200日以上就業している正規の従業員・職員について
注2：業種・職種の中分類以下については30％を超える分類のみを抜粋して掲載。業種は非農林漁業
出所：総務省「2012年・2017年就業構造基本調査」より筆者作成

効果」によって説明してきた。一方で山本・黒田（2014）は，労働時間の決定について，労働者による選択は制約されており，労働力需要側の要因に強く依存することが多くの失行研究によって実証されていると主張している（p.188）。また，日本の長時間労働についても，要員数の変更でなく労働時間の増減調整によって長期雇用が維持されてきたとする「残業の糊代（バッファー）」説と整合的な分析結果を提示している（山本・黒田2014，pp.211-212）。

　鶴（2010）は長時間労働の要因を，マクロ的視点とミクロ的視点に分けて網羅的に整理している。まず，マクロ的視点では，産業構造の転換や生産性の向上によって「経済発展が基本的には労働時間を短縮させる」（p.7）とする一方，「ある程度の所得水準を達成すると労働時間と所得水準に明確な関係がみられない」（p.7）とも指摘しており，これは「労働時間は，国民の選好，労働時間に関する法的規制及びその履行状況を始めとして様々な要因の影響を受けるため」（p.7）と解釈している。次に，ミクロ的視点からの要因を，自発的長時間労働と非自発的長時間労働に分けて整理している。自発的長時間労働の要因としては，仕事中毒，金銭インセンティブ，出世願望，人的資本の回収，プロフェッショナリズムがあげられている。非自発的長時間労働は，市場の失敗，職務の不明確さと企業内コーディネーションによる負担，雇用調整のためのバッファー確保，自発的長時間労働者からの負の外部効果からなるとされている。

　佐藤（2008）は企業における管理のあり方に焦点を当て，長時間労働の発生メカニズムについて考察している（図表1-6）。このフレームワークにおいては，労働時間の長さを規定する要因として，事業計画，要員管理，予算管理，進捗管理を含む「仕事管理」，管理職の管理行動，仕事特性，社員の仕事意識・行動を含む「職場マネジメント」，加えて「労働時間管理・規制」があげられている。佐藤（2008）は，どれだけの仕事を何人で回すのかを決めるのが「仕事管理」であり，これにより要員マンパワーに比して業務量が多くなると長時間労働が誘発されるとしたうえで，労働時間の二極化や偏在傾向を説明する第二の視点として「職場マネジメント」を提示している。さらに，「労働時間管理・規制」が有効に機能すれば長時間労働の恒常化は免れるはずだとし，労使

図表1-6 ｜ 労働時間の分析枠組み

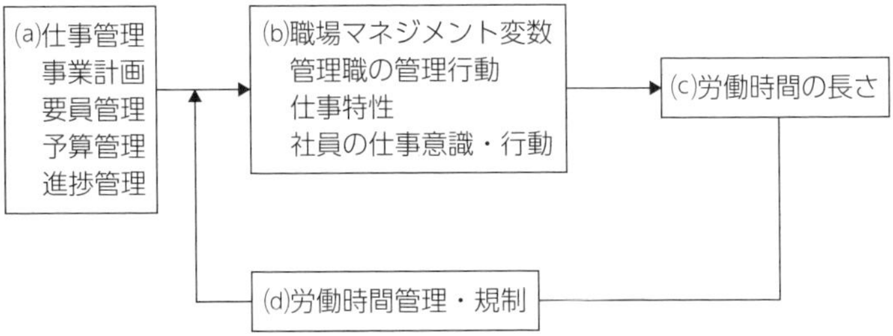

出所：佐藤（2008）より

による労働時間適正化の取り組みを含む「労働時間管理・規制」をもう一つの視点としてあげている。つまり，このフレームワークによると，「仕事管理」や「職場マネジメント」に何らかの問題があれば，また，「労働時間管理・規制」が機能していなければ，長時間労働が発生したり，恒常化したりすることになる。

⑵　ダイバーシティ経営を阻害する長時間労働

　このようなさまざまな要因によって発生する長時間労働は，本書のテーマであるダイバーシティ経営に弊害をもたらす。次に，長時間労働がなぜダイバーシティ経営に弊害をもたらすのかについて，詳しく述べることとしたい。

　前述のとおり，日本においては正社員と非正社員の間で働き方の二極化が起きており，正社員の長時間労働，とりわけ男性正社員の長時間労働が課題となっている。

　こうした男性正社員の長時間労働は，時間制約のある正社員の就業継続や活躍の場の拡大を阻害する要因になっている。たとえば，子育て中の女性正社員は，以前とは異なり法律面の整備もあって，両立支援制度を利用することで就業を継続できるようになってきた。しかし，長時間労働が存置されている限り，育児休業や短時間勤務からフルタイム勤務への復帰のハードルは依然として高い。フルタイム勤務に復帰しにくいのは，フルタイム勤務に復帰すると同時に長時間労働を前提とする時間制約のない働き方を余儀なくされるというリスク

が大きいからである。

　実際，法定を上回る期間の短時間勤務制度を整備している大企業では，子育て中の女性社員が短時間勤務制度を長期に利用する傾向が確認されている。一方，長時間労働を前提とする働き方のもとでは，正社員の中でも，長時間労働が可能なフルタイム勤務者に，責任や負担の大きい主要な仕事が集中する傾向にあった。このような仕事の割り当ての傾向は，長時間労働に陥るフルタイム勤務者の不満を増大させるだけでなく，長時間労働ができない，あるいは長時間労働を望まないフルタイム勤務者や短時間勤務者の意欲や能力の低下にもつながる。さらに，子育て中の女性正社員による短時間勤務制度の長期間の利用は，仕事上での有益な経験や機会を制約することになり，女性のスキル獲得・向上やキャリア形成を制約することにつながる（佐藤・武石，2014，武石・松原，2017等）。また，両立支援制度を利用している正社員と利用していない正社員との間の，負担の偏りとそれに伴う関係の悪化を危惧する声もある。

　このようななか，多くの女性正社員を含む時間制約のある正社員が管理職への昇進を躊躇する傾向がみられる。現状の男性を主とする管理職の働き方が長時間労働であり，有給休暇の取得率も低いからである。

　さらに，長時間労働を前提とした正社員の働き方は，働く時間に制約がある正社員だけでなく，長時間労働が難しい非正社員や無業者のキャリアの選択の幅も狭めている。たとえば，パートタイム勤務の社員が正社員に転換することを，また，子育てなどで退職した女性が再就業を希望する場合に正社員として就業することを，長時間労働を理由として躊躇する実態がある[12]。

(3)　ダイバーシティ経営に向けた働き方の方向性：移行と多元化

　労働力人口の減少や国内外における競争の激化，さらには長時間労働への社会的批判の高まりのもとで働き方改革の必要性が広く認識され，働き方改革関連法により労働時間規制が強化されたことに伴い，多くの企業が働き方改革に注力している。

　この結果として，正社員の長時間労働を前提とする働き方が見直されれば，時間制約のないフルタイム勤務は，時間制約のあるフルタイム勤務の方向にシ

フトしていくはずである（図表1-7）。ただ，働き方の見直しは一元的なものではなく，企業や職務の状況によって生産性向上を伴う形で見直されると推測されることから，同時にフルタイム勤務者の働き方の多元化も進むと考えられる。

　また，短時間勤務の正社員についても，フルタイム勤務（時間制約あり）に近づいていく可能性が高い。というのも，短時間勤務の正社員が増加するほど，企業としては，短時間勤務者に対する一律的な配慮から，個別事情に合わせた配慮へと転換する必要性が高まってくる。具体的には時間制約の段階に応じて，企業が短時間勤務者に対して，フルタイム勤務への復帰や，夕方や夜のシフト勤務への部分的な配置等を可能な範囲で求める方向に向かうことになろう[13]。一方，短時間勤務者の個別事情に配慮するという意味で，短時間勤務者の働き方も事情によって多元化することになるだろう。

　このように，働き方改革によって時間制約のあるフルタイム勤務へと，働き方が多元化を伴いながらも移行していけば，従来は時間制約のないフルタイム勤務の正社員に集中しがちであった責任や負担の大きい主要な仕事が，時間制約のあるフルタイム勤務者や短時間勤務者に分散されることが期待される。

　働き方の改革は単に長時間労働の解消ということだけでなく，企業にとっては多様な人材が活躍できる職場の構築，つまりダイバーシティ経営の土台作り

図表1-7│働き方改革の潮流（イメージ）

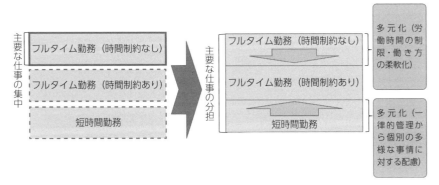

出所：松浦（2016）を一部変更

28

につながることになろう。

POINTS

◆ 日本においては内需の拡大を図る経済政策のもとで1987年に労働基準法が改正され，週40時間制への段階的な移行がスタートした（全面実施は1997年から）。その後不況下における雇用の維持・創出，ホワイトカラーの生産性向上，仕事と生活の調和（ワーク・ライフ・バランス）の実現，過労の防止・健康の確保といった多様な観点から，労働時間規制の内容が見直されてきた。2018年に成立した働き方改革関連法では，時間外労働に対して罰則付きの上限規制も設けられることとなった。

◆ 1987年の労働基準法改正以降の労働時間の減少は，短時間労働者の増加による面が大きく，正社員と非正社員の間で労働時間の二極化が起きている。また，正社員の働き方も均質ではなく，業種や規模，職種，性別，年齢によってバラツキがみられる。

◆ 長時間労働を前提とした正社員の働き方は，働く時間に制約がある正社員のみならず，非正社員や無業者のキャリア形成も阻害しており，このような働き方を改革することは，企業にとっては多様な人材が活躍できる職場の構築，つまりダイバーシティ経営の土台作りにつながる。

|注
1 「国際協調のための経済構造調整研究会」が1986年4月に発表した報告。いわゆる『前川レポート』。
2 「経済審議会経済構造調整特別部会」が1987年4月に発表した報告。いわゆる『新前川レポート』。
3 「ホワイトカラーエグゼンプション」に関するその後の議論の混乱については濱口（2009）が詳しい。
4 これらの憲章と行動指針は，仕事と生活の調和推進に一層積極的に取り組む観点から2020年に改訂された。
5 厚生労働省「脳・心臓疾患と精神障害の労災補償状況」（2013年度まで），「過労死等の労災補償状況」（2014年度以降）より。
6 その後ストレスチェックの義務化等が盛り込まれた2014年（公布）の労働安全衛生法の

改正を受け，この指針も2015年に改訂された。

7　延長時間をできる限り短くするようにという記載，また，延長時間の割増賃金率が法定
を超えるように努めなければならないという記載はあった。

8　この制度の背景や考え方については桑村（2017）が詳しい。

9　毎月の労働時間を把握できる代表的な調査としては，世帯調査である総務省「労働力調
査」と，事業所調査である厚生労働省「毎月勤労統計調査」があるが，調査の方法の相違
から，基本的には世帯調査の数値が事業所調査を上回っており，両者の乖離が「不払い残
業（いわゆるサービス残業）」と解されることが多い。ただ，この乖離は2000年代に若干
の増加傾向があるものの，1970年代以降比較的安定しているとされる（神林，2010）。両
調査には一長一短があるが，ここではOECDによる各国比較の日本の統計としても採用さ
れている「毎月勤労統計調査」を中心に引用することとしたい。

10　総務省「社会生活基本調査」は5年に1度，個々人が24時間をどのように配分している
かを調査しており，労働時間の実態をより厳密に把握することができる。

11　1986年から2001年までフルタイム雇用者の平均労働時間が減少している点については，
週休2日制の普及による土曜日の労働時間の減少が寄与しているとされている（山本・黒
田，2014，p.25）。

12　厚生労働省「パートタイム労働者総合実態調査（個人調査）」（2016年）で女性に関する
回答結果をみると，パートを選んだ理由（複数回答）は「自分の都合の良い時間（日）に
働きたいから」（60.2％），「勤務時間・日数が短いから」（43.3％）が上位2位となっており，
今後の希望する働き方は「パートで仕事を続けたい」が76.1％を占め，「正社員になりたい」
は16.2％にとどまる。

13　石塚（2016）では，短時間勤務者の働き方の多元化に関する個別企業の取り組みが詳し
く紹介されている。

参考文献

石塚由紀夫（2016）『資生堂インパクト：子育てを聖域にしない経営』日本経済新聞出版社.

神林龍（2010）「1980年代以降の日本の労働時間」樋口美雄編『労働市場と所得分配』（バブ
ル／デフレ期の日本経済と経済政策6）慶應義塾大学出版会，pp.159-197.

桑村裕美子（2017）「労働時間の法政策的検討―2015年労働基準法改正案を中心として」『日
本労働研究雑誌』No.679，pp.9-17.

経済審議会経済構造調整特別部会（1987）『経済審議会経済構造調整特別部会報告―構造調
整の指針―』（1987年4月）.

厚生労働省・日本経営者団体連盟・日本労働組合総連合会『ワークシェアリングに関する政
労使合意』（2002年3月）

厚生労働省労働基準局（2005）「第1回　今後の労働時間制度に関する研究会　資料4-2　労働
時間制度の変遷」.

厚生労働省労働基準局（2011）『平成22年版　労働基準法　上巻（労働法コンメンタールNo.3）』
労務行政.

国際協調のための経済構造調整研究会（1986）『報告書』（1986年4月）.

「子どもと家族を応援する日本」重点戦略検討会議（2017）『「子どもと家族を応援する日本」

　　重点戦略』（2007年12月）.

佐藤厚（2008）「仕事管理と労働時間－長労働時間の発生メカニズム」『日本労働研究雑誌』
　　No.575，pp.27-38.

佐藤博樹・武石恵美子（2014）「短時間勤務制度利用の円滑化―どうすればキャリア形成に
　　つながるのか」佐藤博樹・武石恵美子編『ワーク・ライフ・バランス支援の課題―人材多
　　様化時代における企業の対応』東京大学出版会，pp.83-96.

仕事と生活の調和推進官民トップ会議（2007）『仕事と生活の調和（ワーク・ライフ・バラ
　　ンス）憲章／仕事と生活の調和推進のための行動指針』（2007年12月）

武石恵美子・松原光代（2017）「短時間勤務制度利用者のキャリア形成―効果的な制度活用
　　のあり方を考える」佐藤博樹・武石恵美子編『ダイバーシティ経営と人材活用―多様な働
　　き方を支援する企業の取り組み』東京大学出版会．pp.135-155.

鶴光太郎（2010）「労働時間改革：鳥瞰図としての視点」鶴光太郎・樋口美雄・水町勇一郎
　　編著『労働時間改革―日本の働き方をいかに変えるか』日本評論社，pp.1-24.

日本経済団体連合会（2005）『ホワイトカラーエグゼンプションに関する提言』（2005年6月）.

濱口桂一郎（2009）『新しい労働社会―雇用システムの再構築へ』岩波書店.

松井健（2017）「労働時間短縮闘争から見た日本の労働時間」『日本労働研究雑誌』No.679，
　　pp.29-41.

松浦民恵（2016）「働き方改革はどこに向かうのか　時間制約のあるフルタイム勤務への『移
　　行』と『多元化』」『基礎研レポート』2016年7月15日配信，pp.1-8.

山本勲・黒田祥子（2014）『労働時間の経済分析―超高齢社会の働き方を展望する』日本経
　　済新聞出版社.

第 **2** 章

ワーク・ライフ・バランスに関わる
労働時間の多様な側面

> 　多様な人材が活躍できるダイバーシティ経営や社員のWLBを実現する
> ためには，長時間労働の解消に加えて，働く者の必要に応じた柔軟な働き
> 方を実現できるかも大事なポイントである。こうした観点から，労働時間
> の「長さ」以外の多様な側面に目を向ける必要がある。具体的には，就業
> 時間帯・スケジュール，労働時間配分に関する柔軟性（裁量度），労働時
> 間と労働時間の間の休息時間の長さが挙げられよう。こうした側面は，働
> く者の健康やワーク・ライフ・バランス（WLB）に大きく関わることが，
> これまでの研究で示されている。WLBを実現するためには，働く時間の
> 「量」を削減すると同時に，労働時間の「質」の観点からも，働き方を見
> 直すことが重要である。

1　はじめに

(1)　労働時間の多様な側面とは

　前章で論じたように，日本の労働時間といえば，従来その長時間労働が特徴
とされ，「働きすぎ」が社会的な問題になってきた。そして，長時間労働の是
正は，いまなお社会的，政策的に重要な課題でありつづけている。

　これまでの研究をみても，労働者の健康やワーク・ライフ・バランス（WLB）
に関わる労働時間の在り方は，その多くが長時間労働の問題として論じられて
きた。このような長時間労働の解消が今後も重要であることは論をまたない。

　その一方，労働時間の「長さ」のみに焦点を当てると，見過ごしがちな問題

もある。特に，働く者の健康やWLBを確保する観点からは，長時間労働の是正を目指すだけでは十分でない。この点，これまでの研究でも，働く時間に関わるが，必ずしもその量的な「長さ」では測れない問題が指摘されてきた。つまり，働く者の健康やWLB，さらにダイバーシティ経営を考える際には，労働時間の「長さ」のみを議論するのでは不十分であり，労働時間の「長さ」以外の多様な側面に目を向ける必要がある。本章では，このテーマについて考えてみたい。

⑵　国際比較からみた日本の課題

　労働時間の多様な側面というとき，どのようなところに着目すればよいだろうか。まず，国際比較の観点から日本のワーク・ライフ・バランスにかかわる状況をながめることからはじめよう。

　佐藤（2019）からは，日本の働き方が硬直的であり，ワーク・ライフ・バランスを実現できていない様子がうかがえる（図表2-1〜2-3）[1]。具体的には，仕事の進め方の裁量度[2]，出退勤時間の自由度[3]，仕事中の私用時間の利用可能性[4]の3つに関して国際比較をした結果，日本の働き方は，他の先進国に比べて仕事と生活の両立の可能性や仕事の進め方，出退勤時刻に関して裁量度が低く，硬直的であることが確認できる[5]。

　日本の働き方が硬直的であるという指摘は，これまでの研究でもなされてき

図表2-1 ｜ 仕事の進め方の裁量度

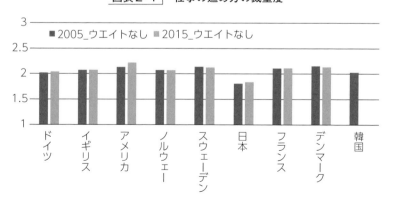

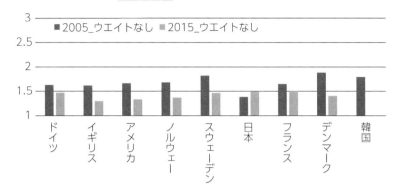

図表2-2　出退勤時間の自由度

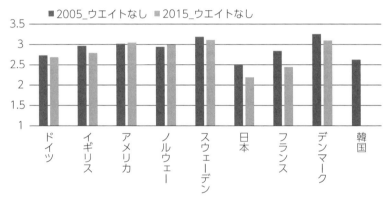

図表2-3　仕事中の私用時間の利用可能性

出所：佐藤（2019）

た。山口（2009）は，職場における時間的柔軟性が乏しい場合，労働者が希望する労働時間を実現できない状況（過剰就業）となり，ワーク・ライフ・バランスを阻害すると指摘する[6]。そして，山口は，過剰就業の要因として，「保障と拘束の交換」という表現を用い，正社員に高賃金と雇用保証が与えられる見返りとして「滅私奉公」的な長時間就業が求められる日本企業の雇用慣行を批判的に考察している。

　このように，日本の働き方は，労働時間が長いことに加え，柔軟性に欠けて

いることに問題があると言えるだろう。つまり，残業時間（の長さ）を削減するだけでは，企業の人材活用においてダイバーシティ経営や社員のWLBを実現することができないのではないか。労働時間の「量」を削減すると同時に，労働時間の「質」の観点からも，働き方を見直すことが必要といえる。

　次節以降では，就業時間帯，時間配分の柔軟性（裁量度），労働時間と労働時間の間の休息時間確保（勤務間インターバル）に着目して，働き方の問題点を考察していこう。こうした側面が，働く者の健康やWLBに大きく関わることを順にみていきたい。

2　就業時間帯の変化と家庭生活への影響

⑴　就業時間帯の多様化

　まずは，就業する時間帯や曜日（就業スケジュール）について，その変化や家庭生活への影響をみていこう。

　就業時間帯については，従来，平日の日中という時間帯に働くことが標準的な働き方のモデルとされてきた。しかし近年では，コンビニエンスストアの24時間営業に代表されるような経済のサービス化，もしくは金融のグローバル化といった産業社会の変化等を背景に，就業時間帯に変化が生じている。

　まずはマクロ統計によって働く人の就業時間帯を概観しよう。図表2-4，2-5は総務省『社会生活基本調査』の統計数値をもとに，雇用者以外を含めた就業者の平日の時間帯別の仕事をしている者の比率として仕事行動者率を調査年比較の形で示したものである。特に，標準的でない就業時間帯に働く割合の変化をみるために，夕方17時～朝9時までの仕事行動者率を男女別に示した。図表2-4をみると，男性では，18時以降の夕方・夜間の時間帯に就業する割合が，1996年までと比べて，2006年，2016年で高い傾向がみられる。また，夜22時から朝5時までの深夜就業の割合も趨勢的に増加傾向にある。女性では，夜22時から朝5時までの就業割合自体が男性に比べて低く，特段の増加傾向も見られないが，18時から21時という夕方以降の就業割合は，1996年までと比べ

図表2-4 平日の時間帯別仕事行動者率（男性）

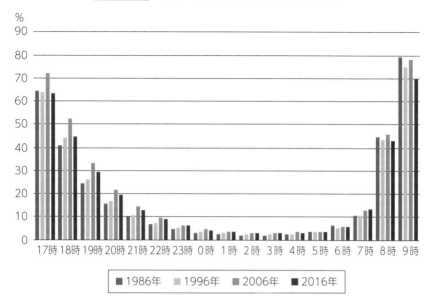

注：1986年と1996年は各時刻の00-30分の行動者率，2006年と2016年は各時刻の00-15分の行動者率
出所：「社会生活基本調査」（総務省）をもとに作成

て，2006年，2016年では，やや増加の傾向が確認される（図表2-5）。

　つまり，男性の方が夜間・深夜に就業する割合は高く増加傾向も顕著である
ものの，就業時間帯の夜型化は男女共通した傾向であることがわかる。

⑵　就業時間帯変化の背景

　こうした就業時間帯の変化の背景には何があるのだろうか。先行研究から，
いくつかの背景を挙げてみたい。

　まず，労働需要側の要因が大きいと考えられる。コンビニエンスストアの24
時間営業に代表されるような経済のサービス化，もしくは金融のグローバル化
といった産業社会の変化である[7]。国際的な研究動向として，月曜から金曜ま
での平日の日中（例えば朝9時から夕方5時など）に働く「標準的」な働き方
が減り，夕方・夜間勤務，シフト勤務，休日勤務など「標準的でない就業スケ
ジュール（Nonstandard work schedules）」の仕事が拡大傾向にあり，その背

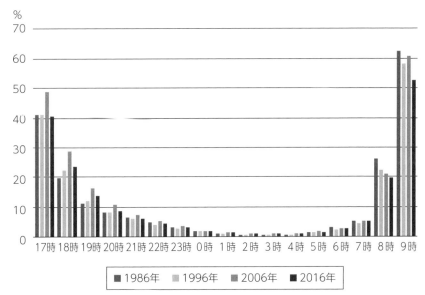

図表2-5 平日の時間帯別仕事行動者率（女性）

注：1986年と1996年は各時刻の00-30分の行動者率，2006年と2016年は各時刻の00-15分の行動者率
出所：「社会生活基本調査」（総務省）をもとに作成

　景や影響についての研究が活発になされている。そして，就業時間帯には，業種間，職種間の差異が大きく，サービス職，営業・販売職，専門職を中心に「非標準化」が進行していることが指摘されている。

　同時に，労働供給側の背景も指摘される。特に，従来，男性と比較して女性は生理的・肉体的に弱い面がある労働者であるとの認識に基づいた，女性に関する労働時間の保護規定などが設けられていたが，男女雇用機会均等の観点から，保護規定が撤廃され，そうしたことも深夜勤務など勤務時間帯の非標準化を後押ししていると考えられる[8]。働く者自身が仕事と家庭・育児とを両立させるなどの理由から非標準的な時間帯に働く選択をしているといった，労働供給側のニーズも関係していると指摘される[9]。

　これに加えて，日本においては，非正規雇用の夜間就業がひとつの論点であろう。例えば，山本・黒田（2014）は，『社会生活基本調査』の個票データを

用いて，夜間に働く者の割合が趨勢的に上昇している要因を検討し，1990年代から2000年代にかけての就業時間帯の変化を雇用形態別に観察した（図表2-6）。その結果，この間，非正規雇用において日中の就業率が大きく低下し，夕方6時頃から翌日の朝6時にかけての就業率が顕著に増加したことが明らかにされている。そして，この変化の背景として，正社員が長時間労働をすることで，夜間のサービス需要が増加した可能性を挙げている[10]。なお，現状の就業時間帯変化の主要部分が，正規雇用者の長時間残業とその夜間サービス需要をもとにした非正規雇用の夜型化であるならば，景気変動や働き方改革にともなう残業削減によって，就業時間帯の夜型化が今後も進むかどうかは，一概には言えないだろう[11]。

図表2-6　男性雇用者の時間帯別就業率（平日）

	0:00am	3:00am	5:00am	11:00am	7:00pm	10:00pm
正規雇用者						
1996	3.64	2.43	3.21	85.30	30.48	7.70
2001	4.23	2.46	3.20	84.09	34.04	9.24
2006	4.24	2.85	3.48	85.27	35.88	9.40
変化（96→06）	0.60**	0.42**	0.26*	−0.03	5.40**	1.71**
非正規雇用者						
1996	4.09	2.47	3.78	69.14	15.08	7.04
2001	6.17	4.48	5.57	61.98	16.72	8.39
2006	8.35	5.68	6.61	63.50	20.99	9.74
変化（96→06）	4.27**	3.21**	2.83**	−5.65**	5.91**	2.70**

備考：*，**は，2時点間の差がそれぞれ5％，1％水準で統計的に有意なことを示す。表中の「0:00am」は深夜0時を指す
資料：「社会生活基本調査」の個票データ
出所：山本・黒田（2014）

(3)　就業時間帯の家庭生活への影響

　夜間勤務・不規則勤務といった就業形態（非標準的な時間帯での就業）は，働く者のワーク・ライフ・バランスにどのように影響するのか。平日昼間に就業することを前提とした社会生活が一般的であることや，睡眠リズムなど健康

とも深く関わることから，夜間や深夜の労働の頻度が高かったり，土曜や日曜の就業頻度が高くなったりすることは，社員が家族と過ごす時間を制限するなど，WLBの実現を難しくするのは容易に想像がつく。

　これまでの研究でも，夜間勤務・不規則勤務の増加からなる就業時間帯の「24時間化（夜型化)」は，就業の選択肢が広がったというプラスの評価がある一方で，家庭生活や健康にマイナスの影響を及ぼす可能性があることが議論されてきた。家庭生活について述べるならば，夫婦関係や親子関係への悪影響が検討されてきた[12]。例えば，White and Keith（1990）は，夕方以降の勤務が夫婦関係満足度を悪化させ，離婚の確率を高めることを指摘する。また，Craig and Powell（2011）は，女性が夕方以降の勤務をする場合，母親が子どもと過ごす時間が減少することを指摘する。このように，既存研究では，非標準的な時間帯での勤務が，夫婦関係（満足度，離婚），親子関係など，家庭生活の様々な側面にマイナスの影響を及ぼすことが指摘されてきた。

　また，女性就業における出産・育児期の両立に関しても，就業時間帯は論点になってきた。このテーマで切実な問題の一つは，保育先の確保との兼ね合いである。幼い子供を持つ女性の就業継続にとっては，子どもの保育をどうするかが一番大きな課題である[13]。海外でもこれは共通の課題で，Presser（2003）は，夜間など標準的でない時間帯に就業する場合に，保育先が限られるという問題が大きいことを指摘するなど，類似の調査・研究が多くなされている[14]。就業時間帯は，育児期の就業女性の仕事と子育ての両立困難に大きく関わる要素と言える。

　加えて，そうした働き方は，女性の就業継続をも妨げよう。労働政策研究・研修機構（2012）の調査結果は，夕方6時以降の就業がある場合に，育児休業から復職した後の女性の就業継続確率が低くなることを示す[15]（図表2-7）。子どもの保育先の確保が難しいことが背景にある[16]。

　なお，ひとつ付け加えるならば，就業時間帯は女性のみの課題ではない。男性のワーク・ライフ・バランスの確保においても就業時間帯は，重要な論点である。男性の働き方については，長時間残業の家庭生活への影響の問題が多く議論されてきた。例えば，男性の家事・育児分担の少なさを説明する理論のひ

| 図表2-7 | 復職後5年間の就業継続割合－第1子妊娠時所定終業時刻別－ |

午後6時より前 (N=185)　同一就業継続 74.7%　転職 13.7%　離職 11.6%

午後6時以降 (N=46)　同一就業継続 52.8%　転職 30.6%　離職 16.7%

□同一就業継続　　□転職　　■離職

出所：労働政策研究・研修機構（2012）

とつとして時間制約説がある。これは，男性の労働時間が長いほど家事・育児分担が低下するという事態を説明する有力な考え方である[17]。ただ，「時間制約」といっても，労働時間の「長さ」ばかりが問題なのではない。興味深いのは，男性の帰宅時刻が家事分担に及ぼす影響である。松田（2002）は，男性の帰宅時刻が21時以降になると育児参加の度合いが急激に低下することを示し，帰宅時刻と育児参加との関係を「閾値（threshold）のある関係」であると論じている。労働時間が長くなればなるほど家事・育児時間がそれだけ短くなるといったシンプルな構図ではないのである。なお，男性の帰宅時刻の遅さは，家事・育児分担の偏りをもたらすにとどまらず，少子化の要因の一つである可能性がある。内閣府経済社会総合研究所による既婚女性の出生意欲の調査によると，夫の帰宅時刻が夜10時以降の家庭では，女性の育児負担感が増加することを通じて（追加）出生意欲が低下する可能性が示されている[18]。

　このように，就業時間帯は，家庭生活へ様々な形で影響を及ぼしうる。働く人々のワーク・ライフ・バランスを実現する上で重要な労働時間の一側面と言えるだろう。

3　柔軟な労働時間配分の効果と課題

⑴　柔軟な時間配分とその効果

　次に，柔軟な労働時間配分の効果について議論しよう。労働時間の配分に関して，働く人にどの程度の裁量があるかはWLBの実現にとって重要である。「いつ（どのように）働くか」を働く人自身が決められるならば，同じ時間（量）を働くにしても，働く者のWLBが実現しやすいということだ。労働時間配分の裁量とは，働く者が自分で始業・終業時刻を決定できたり，休憩時間を設定できたりすることをいう。実際には，自己や家庭の都合に応じて，働き方・労働時間をどの程度調整できるかが，「裁量の余地」である。共働き世帯の増加，価値観の変化など，働き方の希望やニーズが多様化し，そうした希望・ニーズに応じた柔軟な働き方を可能にする仕組みづくりが求められている。

　これまでの研究でも，時間配分の裁量度については，始業・終業時刻を自分で決められる（変更できる）かどうか，自分や家庭の都合に応じて休暇を取りやすいかどうか，勤務時間中の中抜け（勤務中断）が可能かどうか，などで測定されてきた[19]。

　まず，始業・終業時刻などを自分で決められる（柔軟に変更できる）場合，仕事と家庭生活とのコンフリクトを低減させるなど，両者の両立にプラスであることが論じられてきた[20]。働き方を柔軟に決められることが，仕事と（家庭）生活との両立に好影響をもたらすことは，多くの研究が示してきた通りである[21]。育児・介護等の特段の時間制約がない者にとっても，時間配分の裁量があれば，自己の都合に合わせて時間的メリハリをもって働くことができよう。逆に，時間的コントロールがきかないと，仕事から離れる時間を確保しにくく，気の休まらない状態になりうる。特に女性においては，働く時間の自己決定性が高いほど，WLBの実現につながることが実証されてきた。逆に時間的な柔軟性が乏しいと，両立困難（コンフリクト）が起こりやすくなる。

　時間配分の裁量として，自分や家庭の都合に応じて有給休暇を取りやすいか

どうかも大事である。日本における年休取得率の低さは，時間的柔軟性の低さのひとつの表れといえる[22]。なぜ働く人は，年休を取得できないのか，あるいは取得しないのか。年休取得に関するこれまでの調査結果をみると，年休取得自体にためらいを感じるとする人が多い[23]。その理由をみると，「みんなに迷惑がかかる」「後で多忙になるから」「職場の雰囲気で取得しづらい」などの理由が多く，職場の雰囲気や体制が年休取得を阻んでいる（躊躇させている）要因と言える。この点，2019年4月に施行された働き方改革関連法において，年10日以上の有給休暇が付与されている社員に対しては，年休のうち年5日間に関しては企業に時季指定の義務が課されるようになった。これは管理職も対象となる。社員からみると，年5日の有給休暇の義務化と言え，この法制化を機に企業が社員の休暇を確保しやすい仕組みをつくることが求められていよう[24]。

　もうひとつ，個人的な事情から勤務時間中に仕事を離れられるといった「勤務中断」（中抜け）の自由度も，労働時間配分の裁量に含まれる。先行研究でも，勤務中断の自由度が高いほどWLBが良好であることが示されている[25]。なお，勤務中断の自由度は，仕事と介護・治療等，特定の両立局面において，特に必要性が高いだろう。例えば，労働政策研究・研修機構の調査（2013年）をもとに，仕事と介護の両立の必要がある時期を取り上げて考えてみたい。介護開始時の勤め先での働き方と，その後（介護期）の就業継続との関係をみると[26]，介護開始時の仕事の中抜けが可能な職場の場合では，介護期に同じ勤め先で仕事を継続できたとする割合が高くなる。介護期には，要介護者の容態変化による突発的な対応や介護事業者等との打ち合わせに柔軟に対応できることが求められることから，仕事と介護の両立では，勤務中断の自由度が有効と考えられる。

　このように，自己や家庭の都合に応じて柔軟な労働時間配分ができることは，働く者のワーク・ライフ・バランスの実現にとって極めて重要な要素である。

⑵　柔軟な時間配分を可能にするもの

　自己や家庭の都合に応じた柔軟な時間配分は，どうすれば可能になるのか。弾力的な労働時間制度の適用や企業における業務管理の見直しなど企業や上司

の取り組みだけでなく，働く人自身の仕事と仕事以外の境界に関する自己管理
も重要になってくる。

　まず，弾力的な労働時間制度について説明しよう。企業としても，サービス
経済化，労働力の多様化の中で，柔軟で多様な働き方の導入が求められてきた。
特に，営業職や専門職など，企業あるいは管理職による厳格な管理もしくは常
時の監視がなじまない仕事や，場所にとらわれない働き方が可能な仕事など，
働き方が多様化するなかで，労働時間管理の柔軟化が常に議論の対象になって
きた。

　そして，企業の人材活用や働く人の多様な就業ニーズにこたえるため，労働
基準法改正を経て，柔軟に運用できる労働時間制度が導入されてきた。弾力的
な労働時間制度は，企業にとっての業務の繁閑などの労働サービス需要の変動
や，働く者にとっては仕事の進捗や生活の都合などにあわせたメリハリのある
働き方を可能にするものである（図表2-8を参照）。例えば，フレックスタイ
ム制は，仕事の進捗や生活にあわせて社員に始業・終業時刻の選択権を与える
ものであり，裁量労働制は，労働時間だけでなく仕事の進捗管理などに関して
も社員に選択権を与えるものといえる。ただ，各制度を導入している企業の割
合や制度が適用されている労働者の割合をみると，現在のところ，フレックス
タイム制や裁量労働制などの導入企業割合や適用労働者割合はあまり高くない。
労働基準法上の規定などから制度の使い勝手が悪いなどの声も労使双方から聞
かれ，制度の課題として議論されている[27]。

　なお，自己や家庭の都合に応じた柔軟な時間配分は，弾力的な労働時間制度
を適用しさえすれば実現できるものではない。そうした制度が実際に機能する
かどうかは，企業による制度の運用や管理職による職場の業務管理にかかって
いるからである。具体的には，日々の仕事量や進捗管理に関する働く人自身の
裁量性，つまり仕事の裁量性を高めることが重要であり，そのための業務管理
の見直しが必要になる。

　働く人の仕事の裁量性はなぜ重要なのか。仕事に裁量性がないと，制度上は
柔軟に時間配分をできるとされていても，仕事・職場の都合で労働時間が決め
られることから，実質的には時間配分の裁量性が低下することになる。つまり，

図表2-8 弾力的な労働時間制度の概要

通常の労働時間制	一般的な働き方	1日8時間，週40時間（法定労働時間）
変形労働時間制	交替制勤務の場合や，季節等によって業務に繁閑の差がある場合	一定時間を平均して，法定労働時間の範囲内であれば，1日8時間，週40時間を超えて労働させることができる。
フレックスタイム制	協定した労働時間の範囲内で，始業・終業時刻を労働者にゆだねる場合	一定期間の総労働時間を労使協定で定めれば，始業・終業時刻を労働者の自由にできる。
事業場外みなし制	事業場の外で労働する外回りの営業職等	所定労働時間または労使協定で定めた時間を労働したものとみなす。
専門業務型裁量労働制	新商品や新技術の研究開発，情報処理システムの設計，コピーライター，新聞記者等	労使協定で定めた時間を労働したものとみなす。
企画業務型裁量労働制	事業の運営に関する事項についての企画，調査及び分析の業務に従事する場合	労使委員会決議した時間を労働したものとみなす。

出所：厚生労働省「弾力的な労働時間制度の概要」（第107回労働政策審議会労働条件分科会資料）をもとに作成

仕事の裁量性と時間配分の裁量性には，密接な関係があると言える。研究でも，この仕事の裁量性がワーク・ライフ・バランスにポジティブな影響をもつことが示されてきた[28]。例えば，Voydanoff（2004）では，仕事の裁量性があると，仕事と家庭生活との両立困難が緩和され，相乗効果が得られることを示す[29]。また，職務ストレス研究の文脈では，裁量度の高さが，要求度のレベルとあわせ，ストレスを左右することが知られる[30]。こうした研究からは，仕事の裁量性が，生活の質にポジティブな影響をもつことがうかがえる。

(3) 仕事の裁量性を高めるために

　働く者が自己・家庭の都合に応じて柔軟な労働時間制度を十分に活用できるためには，仕事の裁量性を高めていくことが望ましい。ただ，企業にとって，これはそう簡単に実現できるものではない。そのことに留意して取り組む必要がある。

　というのは，労働時間配分を裁量にまかせると，仕事と仕事以外の境界があいまいになり，かえってワーク・ライフ・バランスを損なうという結果になりうることが，これまでの研究から示されているからだ。例えば，Schieman et al.（2009）は，高収入層など職業的地位の高い人では，仕事時間の配分に関する裁量性が高い場合，仕事と仕事以外との境界があいまいになり，家庭生活とのコンフリクトが引き起こされやすくなると述べる[31]。裁量性が高いばかりに，仕事と仕事以外の区切りがつけにくくなり，仕事から解放されにくい場合もあることを示唆する。

　このように，自律的な働き方は，ともすると「いつでもどこでも仕事ができる」という状態に陥りがちであり，仕事が家庭生活の時間をも侵食するような多忙状態になる危険性もある。これまでの研究は，特にITエンジニア等の技術系専門職において，こうした働き方が，たとえやりがいがあるにしても，健康を害するリスクなどと隣り合わせの「危うさ」もあわせ持っていることを明らかにしている[32]。

　では，なぜ裁量性が（一見反対の極にある）「働きすぎ」を引き起こしてしまうのだろうか。働きすぎを防ぐにはどうしたらよいか。そのひとつのカギは業務管理のあり方にある。具体的には，まず過度に成果主義的，競争主義的にならないような適切な業務マネジメントが肝要と考えられる。先行研究では，労働者に裁量性を付与する雇用管理の問題が検討されてきた。特に専門職や管理職の働き方に焦点が当たっている。例えば，Sharone（2004）は，専門職（ITエンジニア）の働き方について，裁量を持たせる自己管理のマネジメントが競争主義的に運用されることで，労働者の不安と競争があおられ，自ら進んで過重労働に身を投じることを論じている[33]。もう一つの要因は，Kunda（1992=2005）が論じるような，「働きすぎ」を煽る組織文化（規範）である。

　このように，労働者に仕事の裁量性が付与される場合であっても，それが「働きやすさ」には必ずしもつながらず，逆に，自己管理が強調されることで，働きすぎに歯止めがきかなくなる危険性がある。仕事の裁量性を高めていく上での雇用管理や職場マネジメントの留意点と言える。

　なお，裁量性が高い働き方においてワーク・ライフ・バランスを実現するに

あたっては，働く者自身の自己管理も重要になってくる。具体的には，働く時間を自分で決められる場合に，仕事と仕事以外の時間的切り分けをうまくできるかは，本人の仕事への距離の取り方，ワーク・ライフ・バランスに関する価値観にもよる。仕事以外の領域をいかに充実させ，ワーク・ライフ・バランスを実現するか，企業・従業員の両者に難しい課題がつきつけられている。

4　休息時間確保の重要性

⑴　休息時間という視点

　就業時間帯の非標準化（夜型化）や労働時間配分の柔軟化をふまえるならば，働き方・休み方はより多様化あるいは個人化してこよう。こうしたなかで，働く者のワーク・ライフ・バランスを実現するためには，労働時間を短くすることや労働時間管理を柔軟化するだけでなく，休息時間を確保するという観点も必要になる。ここでの「休息時間」とは，労働時間の途中に置かれる「休憩時間」とは異なり，勤務時間と勤務時間の間（終業から次の始業まで）の時間のことを言う。

　休息時間の確保という観点から問われるべきは，働く人の日々の休息に関わる睡眠時間が確保できる働き方であることと，休日・休暇を取得できる働き方かということである。ここでは前者の側面としていわゆる勤務間インターバルを取り上げる。こうした日々の休息時間の確保が重要なのは，日々の睡眠時間が不足すると心身の健康に悪影響を及ぼすという，これまでの研究の知見からも示される。

　まず，睡眠時間の長さについて図表2-9をみると，日本人の平均睡眠時間は近年短くなってきている。具体的には，1日の平均睡眠時間が6時間以上の割合が減少し，「5時間以上6時間未満」「5時間未満」の割合が増加している。

　健康確保のためにも過重労働を是正することの重要性は言うまでもないが，労働時間の長さを規制するとともに，休息時間を確保する観点も必要なことがわかる。

図表2-9　1日の平均睡眠時間の年次推移（20歳以上，男女計）

年	5時間未満	5時間以上6時間未満	6時間以上7時間未満	7時間以上8時間未満	8時間以上9時間未満	9時間以上
平成17年	7.7	27.0	33.9	19.1	9.4	2.9
18年	6.2	25.2	36.3	20.3	8.8	3.1
19年	6.3	22.1	37.8	21.0	9.7	3.1
20年	5.7	24.0	35.8	23.0	8.5	3.0
21年	7.1	26.4	37.2	17.8	8.4	3.1
22年	6.9	26.4	36.1	19.6	8.4	2.7
23年	7.3	26.8	36.7	18.6	8.2	2.4
26年	7.7	28.9	34.1	19.2	7.0	3.1
27年	8.4	31.1	34.1	18.5	5.9	2.1

（横軸: 0 20 40 60 80 100 (%)）

■5時間未満　■5時間以上6時間未満　□6時間以上7時間未満
□7時間以上8時間未満　■8時間以上9時間未満　□9時間以上

注：平成24，25年は未実施
出所：厚生労働省「平成27年国民健康・栄養調査結果の概要」（2016）

(2) 休息時間はなぜ重要か

　では，休息時間が確保できないと，生活に具体的にどのような影響があるのだろうか。まずは睡眠不足からくる健康への悪影響があるのは言うまでもない。加えて，シフト勤務等により日々一定の生活リズムが確保できないと家庭生活へのマイナスの影響もあろう。

　身体的健康に対しては，7～8時間の睡眠を基準にすると，睡眠時間が短いほど，高血圧，糖尿病，肥満などになりやすいことが，医学・生理学分野の研究から明らかにされている[34]。過重労働がもとで睡眠を確保できず，健康状況を悪化させることは，脳・心臓疾患による死亡（過労死）にもつながるリスクを高める。例えば，和田（2002）は，過労死につながるリスク要因を検討し，生活習慣病である脳・心臓疾患は，高血圧，喫煙，糖尿病のような危険因子の有無に大きく左右されることを示す。そして，非職業系のリスク要因も発症に大きく関与するが，労働時間が長いことや睡眠時間が短いこと，さらに交替制勤務も同様にリスク要因であることを論じている。また，メンタルヘルスについても，睡眠時間が短くなるほど抑うつ状態が強くなることが指摘されてき

た[35]。島（2007）は，メンタルヘルスを保持する上では6時間以上の睡眠の確保が望ましいと指摘している。

　このように，休息時間確保に関しては，睡眠時間が健康に及ぼす影響に焦点が当たってきたが，日々の生活時間を確保できるかどうかは，家庭生活へも当然影響しよう。この点，島貫・佐藤（2017）では，勤務終了時から翌日の始業時までに11時間以上の勤務間インターバルが確保されない場合，ワーク・ライフ・バランスの実現を阻害する可能性が示されている[36]。勤務間インターバルは，睡眠時間確保，健康確保という観点のみでなく，働く者のワーク・ライフ・バランスからみてより広がりのある論点であることがわかる。

⑶　休息時間を確保するために

　休息時間を確保するためには，まずは日々の残業時間を削減することが大事である。睡眠時間を左右する働き方について，既存研究では，労働時間の長さとの関係が多く議論されてきた。もちろん，労働時間が長いほど睡眠時間が短くなるという関係自体は，一日の時間配分の観点から概ね妥当だろう。

　ただ，これまでの研究では，労働時間の「長さ」以外にも，働き方が睡眠時間の量や質に影響することが示されている。例えば，深夜労働が度々ある働き方であれば，生活リズムが安定せず，睡眠の量・質が阻害されるだろう。この点，既存研究では，特に夜勤を含む交替制勤務の働き方を問題視してきた。こうした深夜に及ぶ時間帯の働き方の場合，どのような点に留意すればよいか。やむを得ず夜遅くまでの勤務がある仕事の場合，翌日の始業時刻を遅くできるようにするなど，一定の休息時間を確保する仕組みづくりが求められよう。この点，2019年4月施行の働き方改革関連法で導入が努力義務化した「勤務間インターバル制度」は，働く人の休息時間を確保する制度として期待されている。なお，こうした制度を導入するだけでなく，制度が機能するための業務管理の仕組み，社内の体制づくりが重要であることは言うまでもない。

　さらに，生活時間・休息時間確保のためには，労働時間とその管理のみ問えば十分というわけではない。通勤時間が長い場合，生活時間・休息時間がその分減少することは，企業（管理側）からは見えづらいものであるものの，ワー

48

ク・ライフ・バランス上，忘れてはならない論点である。この点，通勤時間が長い都市部では，労働時間に加えて通勤時間の長さがWLBにかかわってこよう。都道府県別の通勤時間と睡眠時間との関係を分析した多田・杉下（2010）では（図表2-10），通勤時間と睡眠時間は高い相関が見られ，通勤時間が長い地域の従業員ほど睡眠時間が短いことが示される。つまり，通勤が長くなるとその時間は，仕事以外に使用可能な時間（家事等や余暇）から捻出することになり，通常，それらの時間のやりくりでは調整がつかず，睡眠時間を削るところまで影響が及んでいることが示唆される。

　この問題に対しては，通勤を通信に代替できる在宅勤務やモバイルワークが，通勤時間の削減に貢献し，社員のWLB向上に貢献しうるものと考えられる。

図表2-10 都道府県別の通勤時間と睡眠時間の関係（正規の職員・従業員, 2006年）

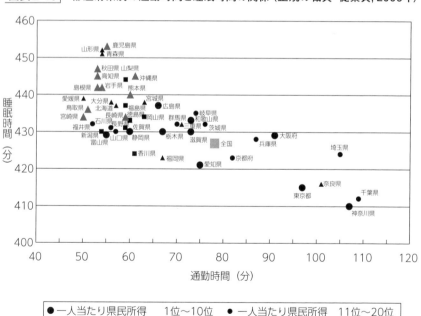

出所：多田・杉下（2010）

5　おわりに

　本章では，就業時間帯，時間配分の柔軟性（裁量度），労働時間と労働時間の間の休息時間確保に着目して，働き方の問題点を考察してきた。日本の労働時間は，その「長さ」ばかりが問題なのではない。本章でみた労働時間の多様な次元は，働く者の健康やワーク・ライフ・バランスに密接に関わるものである。日本の働き方に関しては，国際的にみても硬直的とされるが，働く者のニーズに合った労働時間制度の導入やその適切な運用，さらに職場での業務管理等の改革を通じて，働く者のワーク・ライフ・バランスに資するような柔軟性を高めていくことが求められている。

POINTS
- ◆　就業時間帯が多様化し，夜間・深夜に就業する人々も一定程度いる。こうした働き方は，家庭生活上の問題のほか，両立困難，女性就業の阻害など，ワーク・ライフ・バランスを阻害しうる。
- ◆　ワーク・ライフ・バランスを実現するためには，労働時間配分の裁量度を高めることが重要である。弾力的な労働時間制度の導入だけでなく，働く人の仕事の裁量性を高め，自己や家庭の都合に応じた柔軟な時間配分が可能になるよう，職場のマネジメントの在り方を改革する必要がある。
- ◆　休息時間の確保という視点も忘れてはならない。睡眠時間が短くなると健康へ悪影響を及ぼすほか，家庭生活における生活時間の確保にもマイナスの影響を及ぼす。長時間労働の職場では，睡眠時間の確保にも繋がる勤務間インターバル制度の導入が有効である。

注
1　佐藤（2019）は，International Social Survey Program（ISSP）という国際比較調査の集計をもとにしている。18歳～64歳で，週35時間以上就業する雇用者が対象である。
2　「毎日の仕事の進め方を自分でどの程度決めることができるか」という設問への回答を

　点数化（1＝自分で決めることができない～3＝自分で決めることができる）して平均値を比較したもの。点数が高いほど仕事の裁量度が高いことを意味する。

3　「出退勤時刻をどの程度自分で変更できるか」という設問への回答を点数化（1＝変えることができない～3＝変えることができる）して平均値を比較したもの。点数が高いほど出退勤時間の自由度が高いことを意味する。

4　「仕事中に，家の用事や個人的な理由で，仕事を1，2時間離れることはどの程度難しいか」という設問への回答を点数化（難しい＝1～難しくない＝4）して平均値を比較したもの。点数が小さいほど「難しい」を意味する。

5　なお，仕事中の私用時間の利用可能性（図表2-3）については，2005年から2015年にかけて，日本で低下傾向もうかがえるが，解釈は留保したい。

6　ここでの時間的柔軟性の指標は，「家庭の用事のために，仕事の日時を変えることができる」というもの。

7　Beers 2000等を参照。

8　日本においては，1985年の均等法制定に際して行われた労働基準法の女性保護規定の緩和により，深夜業の規制が緩和され，その後1997年の改正で満18歳以上の深夜業の禁止は解消されることとなった。なお，妊産婦や未就学児を養育する女性に対して，労働者の請求をもとに深夜業の制限は規定されている。

9　ただ，非標準的な時間帯に働く理由の分析した研究をみると，幼い子どもをもつ母親の場合は育児時間との調整という理由も聞かれるものの，少数派であり，仕事の性質，職場の命令といった労働需要側の理由が多い（Beers2000，Presser2003参照）。

10　具体的には，男性雇用者における1996年から2006年にかけての変化を雇用形態別に分析した結果，正規雇用者の平日の就業時間帯も夜型化しているものの（午後7時の就業率の増加が顕著），それは労働時間の長さの変化によってほぼ説明できるとした。これに対し，非正規雇用者については，労働時間の変化では説明不可能な別の要因による寄与が大きいとしている。そして，非正規雇用者の平日夜10時の就業率変化を説明する回帰モデルに，都道府県別の正規雇用者の平均労働時間を投入したところ，その係数はプラスに有意であり，この間の正規雇用者の残業時間の増加が深夜の財・サービス需要を増やし，非正規雇用の就業機会をもたらした可能性を指摘した。

11　例えば，厚生労働省（2017）をみると，2011年から2016年にかけての変化として，正規雇用，非正規雇用ともに夜間就業者数（18時～翌朝6時までの時間帯の就業者数）は減少している。

12　Presser（2003），Barnes et al.（2006），Craig and Powell（2011），White and Keith（1990）など参照。

13　西本（2004）参照。

14　Valle et al.2002，Barnes et al.2006など。

15　同調査は，第1子妊娠時に正規雇用に就いていた女性を対象に，所定終業時刻が夕方以降にかかるかどうかと，育児休業から復職後5年間に同一就業継続しているかどうかの関係をみたものである。

16　なお，この点，本人以外で保育所の送迎に関する家族・親族のサポートが得られる場合，就業時間帯の離職率への効果は低減される可能性がある。親同居が一般的でなくなりつつ

ある今日では，配偶者（夫）のお迎えサポートが重要である。高見（2012）を参照。

17　時間制約説に関する実証研究としては，松田（2006），久保（2007）等を参照。

18　同調査をもとにした高見（2014）では，子供1人をもつ女性の追加出生意欲の規定要因として，女性の育児負担感が出生意欲を低下させることを指摘し，さらにその育児負担感には，男性（夫）の帰宅時刻の遅さが関わることを示す。

19　これ以外に，勤務先以外（自宅等）で仕事をするという選択も可能という意味での柔軟性もあるが，これについては章をあらためて論じる。

20　始業・終業時刻を自分で決められる（変更できる）ことは，海外の研究では，スケジュールの柔軟性（schedule flexibility）として議論。

21　Jacobs and Gerson（2004），Wheatley（2017），山口（2009）など。

22　日本の年休取得率は，50％程度の水準で推移している。

23　厚生労働省「労働時間等の設定の改善の促進を通じた仕事と生活の調和に関する意識調査」参照。

24　合わせて，年次有給休暇を時間単位で取得できるようにするなど，年次有給休暇をよりフレキシブルに活用できる制度にすることも各企業で求められる。

25　島貫・佐藤（2017）を参照。

26　調査の詳細については，労働政策研究・研修機構（2015）を参照のこと。

27　なお，これらの制度に加え，2019年4月施行の働き方改革関連法により，「高度プロフェッショナル制度」が創設されることになった。この制度は，高度な専門知識を有し一定水準以上の年収を得る労働者について，労働時間規制の対象から除外する仕組みである。

28　Voydanoff（2004），Bakker and Geurts（2004）など。

29　ここでの相乗効果（facilitation）は「仕事のおかげで，家族や大切な人との物事を，活力をもって行うことができた頻度」「仕事のおかげで，家庭においてよりよい雰囲気でいられる頻度」が尺度となっている。Jacobs and Gerson（2004）も，仕事の裁量性が時間的柔軟性をもたらし，コンフリクトの低減と相乗効果を生むことを論じている。

30　Karasek（1979）参照。具体的には，裁量度の高い仕事ほどストレスは低減され，逆に要求度が高い仕事では（かつ裁量度が低いとなおさら）高ストレス状態になりやすいと論じられる。

31　Schieman and Glavin（2008）も参照。

32　Kunda（1992=2005）では，ハイテク企業におけるエスノグラフィー調査から，自己管理を促すマネジメントの結果，エンジニアが仕事中毒となり，「燃え尽き」の危険をたえず感じている様子が描かれる。

33　Van der Lippe（2007）は，裁量を持たせる雇用管理が成果主義的に運用されることで（業績給制度，タイトな締切りなどとセットの管理様式），働く者が時間的なプレッシャー（time pressure）を受けやすいことを示す。

34　高橋（2007），内山（2007）参照。

35　黒木・廣（2006）は，過労自殺事案について，精神疾患発症と長時間労働との関係を研究し，100時間以上の時間外労働が発生し，より睡眠が確保できていない群は，残業時間99時間以下の群に比べて，出来事から精神疾患発症までの期間が短く，早く自死に至るという結果を示している。

36　ここでのWLBの指標は,「今の勤務先でのあなたの残業を含めた労働時間は,家族と過
　　ごす時間や仕事以外に必要な様々な活動をする時間を確保できるものになっていますか」
　　への回答。同論文では,回帰分析で,労働時間の長さをコントロールした場合でも,勤務
　　間インターバルが確保されていない頻度が高い場合にWLBが低下することを示す。

│参考文献

内山真（2007）「不眠・睡眠不足とメタボリックシンドローム」『医学のあゆみ』vol.223,
　　no.10, pp.837-841.

久保桂子（2007）「フルタイム就業夫婦の育児分担を規定する要因― 仕事との時間的葛藤を
　　生じる育児を中心に―」『家族社会学研究』19⑵, pp.20-31.

黒木宣夫・廣尚典（2006）「労働者の睡眠と精神疾患」『産業精神保健』14⑶, pp.155-159.

厚生労働省（2017）『労働経済分析レポートNo.2』

佐藤博樹（2019）「ダイバーシティ経営と人材マネジメントの課題―人事制度改革と働き方
　　の柔軟化」鶴光太郎編著『雇用システムの再構築に向けて―日本の働き方をいかに変える
　　か』日本評論社.

佐藤博樹（2011）「序章　ワーク・ライフ・バランスと働き方改革」佐藤博樹・武石恵美子
　　編著『ワーク・ライフ・バランスと働き方改革』勁草書房.

島悟・黒木宣夫（2008）「過重労働と睡眠」石井正三ほか編『睡眠障害の基礎知識―睡眠の
　　生理から治療,職域における対応まで』日本労務研究会.

島悟（2008）「過重労働とメンタルヘルス―特に長時間労働とメンタルヘルス―」『産業医学
　　レビュー』20⑷.

島貫智行・佐藤博樹（2017）「勤務間インターバルが労働者のワーク・ライフ・バランスに与
　　える効果」『季刊労働法』258号, pp.168-180.

高橋正也（2007）「過重労働による睡眠障害と健康障害」『公衆衛生』71⑷, pp.302-306.

高見具広（2014）「育児期における女性の負担感と配偶者の関わり―子ども1人の女性を中
　　心に―」内閣府経済社会総合研究所『有配偶女性の生活環境と就労,出産,子育てに関す
　　る分析～「少子化と夫婦の就労状況・生活環境に関する意識調査」の個票を用いて～』
　　ESRI Discussion Paper No.311.

高見具広（2012）「出産・育児期の就業継続における就業時間帯の問題」『社会科学研究』第
　　64巻第1号,東京大学社会科学研究所.

多田智和・杉下昌弘（2010）「全国及び47都道府県毎の生活時間相互の関係の傾向分析（参
　　考比較：少子化指標,経済指標）ESRI Research Note No.9.

西本真弓（2004）「育児休業取得とその取得期間の決定要因について」『日本労働研究雑誌』
　　No.527, pp.63-75.

濱口桂一郎（2017）「労働時間の上限規制とインターバル規制」『季刊労働法』258号.

松田茂樹（2006）「近年における父親の家事・育児参加の水準と規定要因の変化」『季刊家計
　　経済研究』No.71.

松田茂樹（2002）「父親の育児参加促進策の方向性」国立社会保障・人口問題研究所編『少
　　子社会の子育て支援』東京大学出版会, pp.313-330.

山口一男（2009）『ワークライフバランス―実証と政策提言』日本経済新聞出版社.

山本勲・黒田祥子（2014）『労働時間の経済分析－超高齢社会の働き方を展望する』日本経済新聞出版社.

労働政策研究・研修機構（2015）『仕事と介護の両立』労働政策研究報告書No.170.

労働政策研究・研修機構（2012）『出産・育児と就業継続―労働力の流動化と夜型社会への対応を』労働政策研究報告書No.150.

和田攻（2002）「労働と心臓疾患―”過労死”のリスク要因とその対策」『産業医学レビュー』vol.14, N0.4, pp.183-213.

Bakker, Arnold B. and Sabine A. E. Geurts（2004）"Toward a dual-process model of workhome interference," Work and Occupations vol.31 No.3, pp.345-366.

Barnes, Matt, Caroline Bryson and Ruth Smith（2006）*Working atypical hours: What happens to 'family life'? Research report,* National Centre for Social Research.

Beers, Thomas M.（2000）"Flexible schedules and shift work: replacing the '9-to-5' workday?" *Monthly Labor Review,* June 2000, pp.33-40.

Craig, Lyn and Abigail Powell（2011）"Non-standard work schedules, work-family balance and the gendered division of childcare" *Work, Employment and Society* 25（2）, pp.274-291.

Jacobs, J. A. and K. Gerson.（2004）*The Time Divide: Work Family and Gender Inequality.* Harvard University Press.

Karasek, R.A.（1979）"Job demands, job decision latitude, and mental strain: implications for job design," Administrative Science Quarterly 24(2), pp.285-308.

Kunda, Gideon（1992）Engineering Culture: Control and Commitment in a Higt-Tech Corporation, Temple University.（＝金井壽宏監訳監修・樫村志保訳『洗脳するマネジメント―企業文化を操作せよ』日経BP社, 2005年）.

Presser, Harriet B.（2003）*Working in a 24/7 Economy: Challenges for American Families,* Russell Sage Foundation, New York.

Schieman, S. and M. A. Milkie, and P. Glavin（2009）"When work interferes with life: work-nonwork interference and the influence of work-related demands and resources," *American Sociological Review vol.74*（6）, pp.966-988.

Schieman, S. and P. Glavin（2008）"Trouble at the border? : gender, flexibility at work, and the work-home interface," *Social Problems* 55（4）, pp.590-611.

Sharone, Ofer（2004）" Engineering overwork: bell-curve management at a hige-tech firm," Cynthia Fuchs Epstein and Arne L. Kalleberg（ed.）*Fighting for Time: Shifting Boundaries of Work and Social Life,* Russell Sage Foundation, New York.

Valle, Ivana La, Sue Arthur, Christine Millward, James Scott and Marion Clayden（2002）*Happy Families?: Atypical Work and its Influence on Family Life,* The Policy Press.

Van der Lippe, T.（2007）"Dutch workers and time pressure: household and workplace characteristics," *Work, Employment and Society* 21（4）, pp.693-711.

Voydanoff, Patricia（2004）"The effects of work demands and resources on work-to-family conflict and facilitation," Journal of Marriage and Family 66, pp.398-412.

Wheatley, Daniel（2017）"Autonomy in paid work and employee subjective well-being," *Work and Occupations* 44（3）, pp.296-328.

White, Lynn and Bruce Keith (1990) "The effect of shift work on the quality and stability of marital relations", *Journal of Marriage and Family* 52(2), pp.453-462.

第 **3** 章

企業における働き方改革の現状と課題

　企業による働き方改革の取り組みは，時間外労働時間の上限規制を含む働き方改革関連法（2018年の労働基準法改正によって2019年に導入）の議論に直接的に後押しされた面が大きい。そのため，企業による働き方改革では，労働時間の削減や有給休暇の取得促進の取り組みが先行的に実施されてきた（「狭義の働き方改革」）。しかしながら，人口減少による労働力不足やグローバル競争のもとでの生産性向上の必要性といった日本企業が直面している経営課題を，労働時間の削減や有給休暇の取得促進で解決するのには限界がある。そういう意味で，企業が本来取り組むべき働き方改革では，「働き方」自体，あるいは人材活用の仕組みそのものを変革する必要があると考えられる。

　働き方改革を，企業が直面している経営課題の解決につなげるためには，今一度地に足を着けて，働き方改革の本来の目的と，現在進めている取り組みとの整合性を問い直すことが重要だろう。これまで当然視してきた働き方，残業を前提とするフルタイム勤務の働き方を企業が見直し，時間制約のある人材を含めて多様な人材を受け入れる。そして，そうした人材も能力を発揮し，経営に貢献できるようにするダイバーシティ経営の土台づくりとして，働き方改革に取り組むことが求められる。そのためには，安易な残業依存体質を解消し，限られた時間を有効に活用する時間意識の高い働き方への転換が求められる。さらに，企業がダイバーシティ経営を導入し定着させるためには，多様な人材活用に適合的な人事管理システム，具体的には非年功的な処遇管理や自己選択型キャリア管理への転換も不可欠となろう。

1 働き方改革とは何なのか

　2010年代の後半ごろから，多くの企業で，いわゆる「働き方改革」の動きが広がってきた。ここでは働き方改革の広がりの背景を整理したうえで，働き方改革とは何なのか，企業ではどのような取り組みが行われているのかを概観したい。

⑴　働き方改革の広がりとその背景

　ホワイトカラー職種の社員を対象として実施された調査結果をみると，勤務先の企業が働き方改革に取り組んでいるとする割合は，2015年の22.2％から2019年には49.3％と半数弱まで上昇している（図表3-1）。2019年の結果を1000人以上の大企業に限定してみると，働き方改革に取り組んでいる割合が74.5％を占める。

　このように働き方改革の動きが急速に広がってきたのはなぜなのか。背景にある要因としてまずあげられるのは，長時間労働に対する社会的な批判が高まるなかで，働き方改革をより一層促進しようとする政策の動きが加速したことである。そして，働き方改革関連法（2018年公布）によって企業に対して，時間外労働時間に対する罰則付きの上限規制や，年5日の年次有給休暇の取得義務等が設けられるに至ったことである。この法律による労働基準法の改正は，2019年4月に施行された（中小企業については大部分が2020年4月施行）。企業は法対応という面でも，働き方改革の推進を迫られたわけである。

　2つ目の要因として，2010年代に入り経済環境が改善の兆しを見せた一方で，労働力人口の減少に伴う人手不足が顕在化し，ダイバーシティ経営の必要性が改めて注目されたことがあげられる。つまり，時間的に制約のある人材を含む多様な人材が広く労働市場に参入でき，限られた時間のなかで最大限活躍できる環境を整備する必要性が高まってきたのである。

　3つ目の要因として，グローバル競争が激化する状況において，国際的にみて低いとされるホワイトカラーの生産性向上がより重要なテーマとなり，生産

性を大きく向上させ得るイノベーションを待望する声も高まってきた。実際，日本生産性本部（2019）で，時間当たりの労働生産性（購買力平価換算）をみると，日本は46.8ドルと，米国の74.7ドル，ドイツの72.9ドルなど先進諸国のそれを大きく下回っている。また，産業別にはとりわけ非製造業の労働生産性の低さが指摘されている（滝澤，2018等）。このような中，イノベーションの創出という面でも，ダイバーシティ経営の必要性が強調され，それにつながる働き方改革への期待が高まってきた。

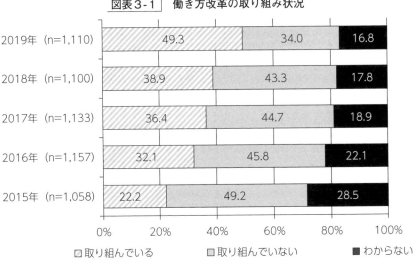

図表3-1　働き方改革の取り組み状況

注1：「働き方改革」は「働き方を変えて，①コミュニケーションスタイル等の組織風土を変える，②作業手順を変えること，③ワーク・ライフ・バランスを推進し，④ハラスメントの予防も実現すること」（①～④のいずれかに該当）と定義されている
注2：従業員規模10名以上，経営者・役員を含む雇用者（正社員），20歳以上のホワイトカラー職種を対象として実施されている
注3：登録モニターを対象としたインターネット調査で2019年5月，2018年6月，2017年6月，2016年3月，2015年3月に実施された
出所：NTTデータ経営研究所・NTTコム リサーチ（2019）より

⑵　働き方改革をどう捉えるべきか

　そもそも働き方改革とは何なのか。企業による働き方改革の取り組みは，時間外労働時間の上限規制や有給休暇の取得義務等の法制化の動きに影響された

面が大きいため，労働時間の削減や有給休暇の取得促進として先行的に実施されてきた（「狭義の働き方改革」）。しかしながら，前述のとおり働き方改革の背景には，法制化の動きだけでなく，労働力人口減少による人手不足や厳しいグローバル競争のもとでの生産性向上の必要性といった非常に大きな課題が横たわっており，労働時間の削減や有給休暇の取得促進だけで，企業としてこれらの経営上の課題を解決するには限界がある。そういう意味で，働き方改革は本来もっと広くとらえられるべきであり，「働き方」自体，人材活用の仕組みそのものを変革する必要があると考えられる。

時間外労働時間の上限規制に関する合意が盛り込まれた政府の「働き方改革実行計画」（働き方改革実現会議，2017）においても，働き方改革は「処遇の改善（賃金など）」「制約の克服（時間・場所など）」[1]「キャリアの構築」という３つの領域にまたがっており，幅広い政策が提示されている。

(3) 働き方改革の実施状況

働き方改革として，実際どのような取り組みがなされているのかを，調査結果をもとにもう少し詳しくみてみよう。リクルートワークス研究所が男性社員を対象として実施した調査で，勤務先で実施されている働き方改革の内容をみると，「有給休暇や年休の取得を促進する」（61.8％），「定時退社の日や早帰りデーを設定する」（54.0％），「残業時間に上限を設ける」（49.2％）というような，現場に対して労働時間の削減を促す取り組みが上位３位となっている（図表3-2）。これら以外にも，上位に並ぶほとんどの項目は，労働時間の削減やそれに付随する業務効率化である。一方，「働く時間の長さや時間帯を選べるようにする」（37.0％），「在宅勤務やサテライトオフィスでの勤務など，働く場所を選択できる」（16.0％）といった働き方の柔軟化は，社員の働きやすさや働き甲斐を向上させる側面もあると考えられるが，労働時間の削減を直接的に促す取り組みに比べると回答が少ない。

また，現場に対して労働時間の削減を促す一方で，「管理職のマネジメント能力を高めるための研修を行う」（14.7％），「業務スピードを向上させるためのテクノロジーを導入する」（13.4％），「個人の仕事のスピードを高めるため

図表３-２　勤務先で実施されている働き方改革

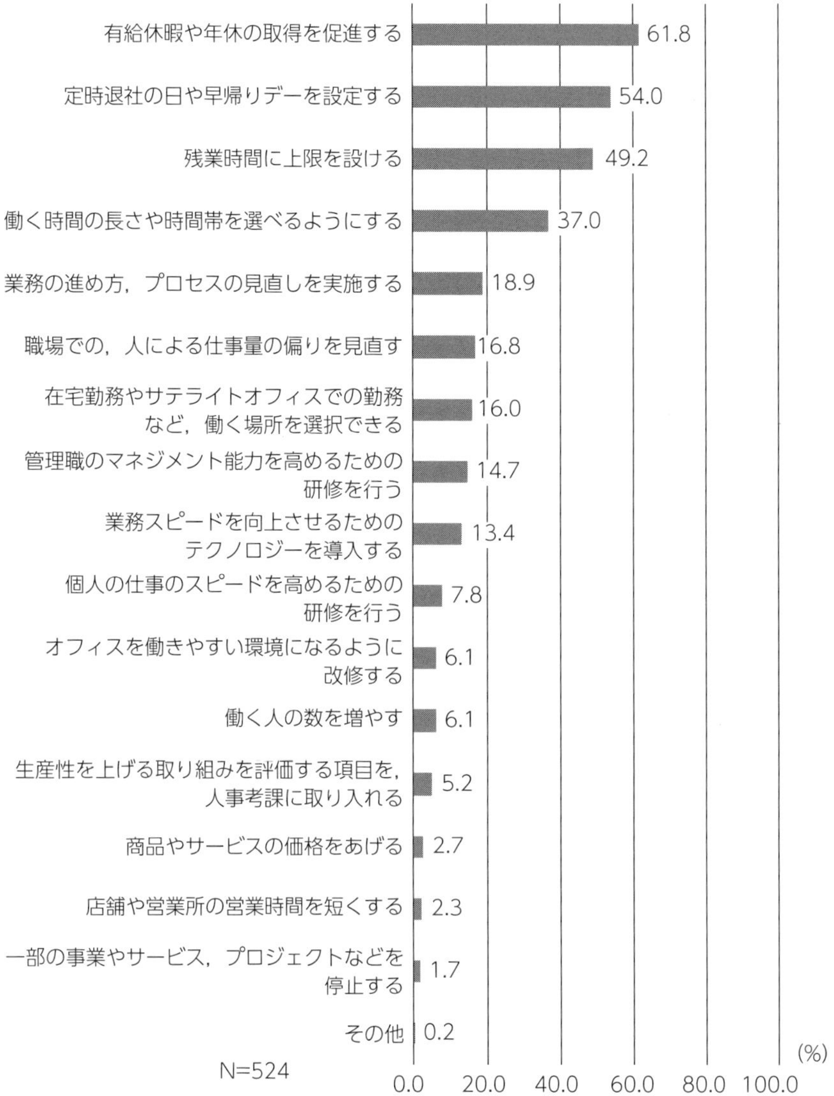
有給休暇や年休の取得を促進する 61.8
定時退社の日や早帰りデーを設定する 54.0
残業時間に上限を設ける 49.2
働く時間の長さや時間帯を選べるようにする 37.0
業務の進め方，プロセスの見直しを実施する 18.9
職場での，人による仕事量の偏りを見直す 16.8
在宅勤務やサテライトオフィスでの勤務など，働く場所を選択できる 16.0
管理職のマネジメント能力を高めるための研修を行う 14.7
業務スピードを向上させるためのテクノロジーを導入する 13.4
個人の仕事のスピードを高めるための研修を行う 7.8
オフィスを働きやすい環境になるように改修する 6.1
働く人の数を増やす 6.1
生産性を上げる取り組みを評価する項目を，人事考課に取り入れる 5.2
商品やサービスの価格をあげる 2.7
店舗や営業所の営業時間を短くする 2.3
一部の事業やサービス，プロジェクトなどを停止する 1.7
その他 0.2
N=524
(%)
0.0
20.0
40.0
60.0
80.0
100.0

注１：複数回答
注２：2017年10月に，一都三県在住の，従業員300人以上で，働き方改革を実施する企業に勤務する男性を対象として実施された登録モニターによるインターネット調査。有効回答は524人
出所：「働き方改革に関する調査」，リクルートワークス研究所（2017）より

の研修を行う」(7.8%) というような，現場を具体的に支援する内容も限定的である。「働く人の数を増やす」(6.1%) や「生産性を上げる取り組みを評価する項目を，人事考課に取り入れる」(5.2%) といった要員管理・人事管理政策の見直しも限られる。「商品やサービスの価格をあげる」(2.7%)，「店舗や営業所の営業時間を短くする」(2.3%)，「一部の事業やサービス，プロジェクトなどを停止する」(1.7%) というような事業・組織戦略に関わる取り組みに至っては，ほとんど実施されていない。

松浦 (2017) も，厚生労働省の「働き方・休み方改善ポータルサイト」に掲載されている「働き方改革取組事例」(2016年4月時点) をもとに，社員数1000人以上の企業121社における取り組み内容を分析している。この分析においても，掲載事例のほとんどは何らかの「労働時間の制限」を行っている一方，「働き方の柔軟化」の実施率は半数弱となっていた[2]。また，働き方改革にともなって，人事管理政策についてはほぼ4社に1社で何らかの見直し（所定労働時間や割増賃金の見直し，人事評価への反映，人材育成による生産性向上，朝食提供，インターバル制度）が行われているものの，事業戦略（営業時間の短縮）と組織戦略（チーム制への転換，要員増）に関連する記述が確認できたのは各2社にとどまる。

つまり，現場に対して労働時間の削減を直接的に促す取り組みが先行している一方で，労働時間の削減のために本来不可欠な人事管理政策の見直しに取り組んでいる企業は限定的で，労働時間や生産性に大きな影響を及ぼすと考えられる組織戦略や事業戦略はほとんど見直されていないという現状がうかがえる[3]。

2 働き方改革の評価と今後の課題

2では企業における働き方改革の効果や，働き方改革に対する社員による評価の既存調査・先行研究を概観した上で，働き方改革の今後の課題について考えてみたい。また，労働時間の削減にともなって見直しを余儀なくされると考えられる人材育成のあり方についても取り上げる。さらに，働き方改革におい

ては労働組合も重要な役割を担っていることから，働き方改革における労働組合の役割についても付言しておきたい。

(1)　働き方改革に対する評価

働き方改革が急速な広がりを見せたのは2010年代後半ごろからであるため，働き方改革の効果を評価するのはまだ難しい。働き方改革のなかで進められている働き方の柔軟化についても，実労働時間や生産性への影響に関する議論は収斂していない。

そこでここでは，まずは社員が働き方改革をどう受け止め，評価しているかという観点から，働き方改革に対する評価を概観する。図表3-3で，勤務先で実施されている働き方改革に対する満足度をみると，「不満」が17.4％と2割弱となっており，「やや不満」もあわせると過半数を占める。

満足とする社員は，理由として半数前後が「早く帰りやすい雰囲気になった（組織の風土が変わった）」（52.0％），「休みをとりやすくなった」（45.9％）をあげている（図表3-4）。「労働時間が減った」（29.3％）とする回答も3割弱にのぼる。一方，不満とする社員にその理由をたずねた結果をみると，「早く帰れと言われるため，仕事が終わらない」（37.3％），「残業代が減ってしまった」（32.2％）が上位2位となっており，「早く帰ることを一律にルールで縛る

図表3-3 ｜ 勤務先で実施されている働き方改革への満足度

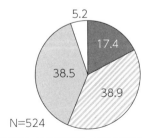

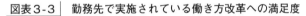
■不満　▨やや不満　▨やや満足　□満足

注：2017年10月に，一都三県在住の，従業員300人以上で，働き方改革を実施する企業に勤務する男性を対象として実施された登録モニターによるインターネット調査。有効回答は524人
出所：「働き方改革に関する調査」，リクルートワークス研究所（2017）より

こと自体が納得できない」(23.4%),「もっと丁寧に時間をかけて仕事をしたい」(19.7%) も2割前後で続いている (**図表3-5**)。

　これらの結果をみる限り,働き方改革の中で先行している労働時間の削減や休暇取得促進によって,帰りやすいあるいは休暇を取得しやすい雰囲気作りに関しては,一定の効果が上がっているようにみえる。また,この調査は男性社員を対象にしたものであることから,時間的制約が一般的により大きいと考えられる女性社員も調査対象に含めれば,満足度がもっと上昇する可能性もある。

　一方,働き方改革に対して男性社員の過半数が不満を抱えていることにも留意する必要がある。現場任せで,労働時間の削減や休暇取得促進を強行に進め

図表3-4 **働き方改革に満足している理由**

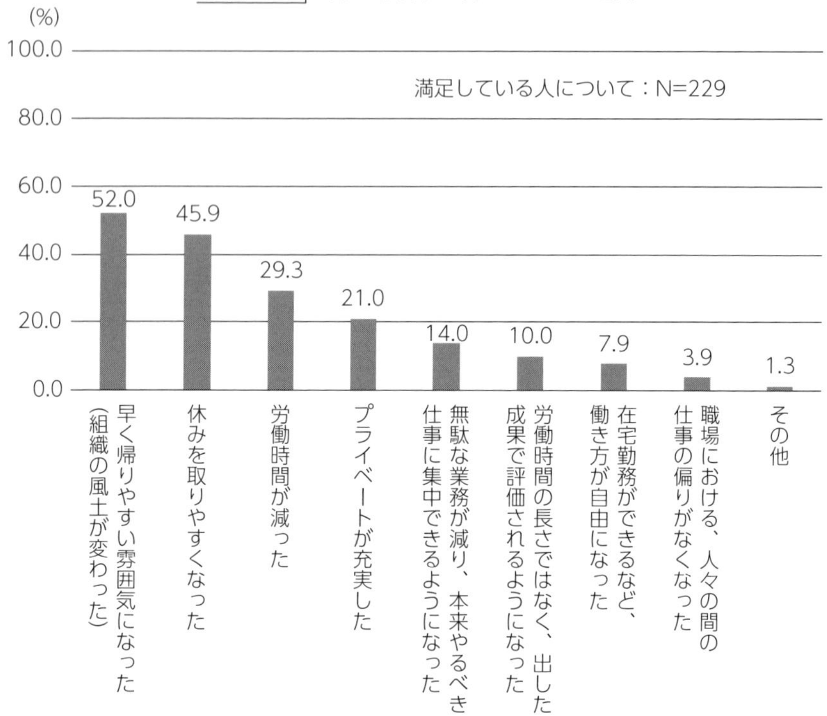

(%)

満足している人について:N=229

理由	%
早く帰りやすい雰囲気になった(組織の風土が変わった)	52.0
休みを取りやすくなった	45.9
労働時間が減った	29.3
プライベートが充実した	21.0
無駄な業務が減り、本来やるべき仕事に集中できるようになった	14.0
成果で評価されるようになった	10.0
労働時間の長さではなく、出した	7.9
在宅勤務ができるなど、働き方が自由になった	3.9
職場における、人々の間の仕事の偏りがなくなった	1.3
その他	

注1:働き方改革に「満足」「やや満足」と回答した人について。複数回答
注2:2017年10月に,一都三県在住の,従業員300人以上で,働き方改革を実施する企業に勤務する男性を対象として実施された登録モニターによるインターネット調査。有効回答は524人
出所:「働き方改革に関する調査」,リクルートワークス研究所 (2017) より

るだけだと，むしろ働きやすさや働き甲斐を低下させることも懸念される。

図表3-5 働き方改革に不満を感じる理由

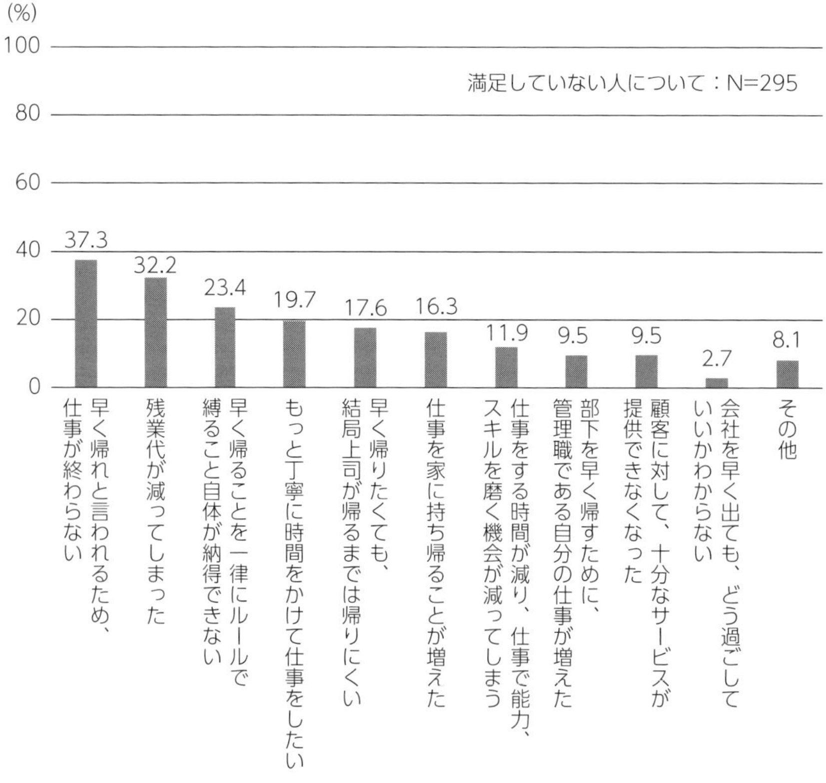

満足していない人について：N=295

(%)

- 37.3　仕事が終わらない早く帰れと言われるため、
- 32.2　残業代が減ってしまった
- 23.4　早く帰ることを一律にルールで縛ること自体が納得できない
- 19.7　もっと丁寧に時間をかけて仕事をしたい
- 17.6　早く帰りたくても、結局上司が帰るまでは帰りにくい
- 16.3　仕事を家に持ち帰ることが増えた
- 11.9　スキルを磨く機会が減ってしまう仕事をする時間が減り、仕事で能力、
- 9.5　部下を早く帰すために、管理職である自分の仕事が増えた
- 9.5　顧客に対して、十分なサービスが提供できなくなった
- 2.7　会社を早く出ても、どう過ごしていいかわからない
- 8.1　その他

注1：働き方改革に「不満」「やや不満」と回答した人について。複数回答
注2：2017年10月に，一都三県在住の，従業員300人以上で，働き方改革を実施する企業に勤務する男性を対象として実施された登録モニターによるインターネット調査。有効回答は524人
出所：「働き方改革に関する調査」，リクルートワークス研究所（2017）より

⑵　働き方改革のもとでの人材育成の課題

　働き方改革による労働時間の削減が，人材育成を阻害し，中長期的には生産性にマイナスの影響を及ぼすのではないかという議論もある（松浦，2017）。大木・田口（2010）では，長時間労働を誘発する業務として，「過大・計画困難型業務」「指導育成型業務」「連絡調整型業務」があげられている。こうした

業務は人材育成に少なからず関連しており，働き方改革によってこれらの業務が削減されることが人材育成にどのような影響を及ぼすかについて明確な答えはまだない。つまり，多くの日本企業はこれまで，OJT（On the Job Training，仕事を通じた教育訓練）においてはある程度の長時間労働を前提として伸びやかに多くの仕事を若手に割り振り，Off-JT（Off the Job Training，仕事以外の研修等を通じた教育訓練）においては勤務時間外も含めて職場での勉強会や指導を行ってきた。限られた時間のなかでより効果的に人材を育成する方法を模索せずに，このような長時間労働を前提とする従来の人材育成方法を維持したまま労働時間削減を進めると，人材育成が機能しなくなる懸念が大きい。そのような事態を避けるためには，人材育成のやり方を変えなくてはならず，働き方改革と人材育成の折り合いをどうつけていくのかは，今後，より重要な課題になるだろう。

　また，労働時間が短くなると，その分浮いた時間をどこに振り向けるかは自己決定に委ねられることになる。結果として，仕事以外の場において自己投資する社員と自己投資しない社員との間で，能力差が広がる可能性が高まろう。こうした事態を回避するため，企業としてはこれまで以上に社員に自己投資の機会を提供したり奨励したりする必要性が高まってくるだろう。

　働き方改革のもとでの人材育成政策の見直しについては，先進企業においてもまだ模索の段階にある。松浦（2017）が実施した企業インタビュー調査によると，「従来の人材育成の方法に無駄な部分があったことも事実」，「まずは『連絡・調整型業務』の効率化によって残業削減を行い，人材育成のための時間は確保する」としたうえで「従来の『指導育成型業務』の見直しは是々非々で行っていく」（p.47）といった声が抽出されている。これまでの人材育成政策の中で，続けるべき点や見直すべき点を識別することが求められているといえよう。

　働き方改革に伴う，労働時間の削減によるOJT機会の減少に対しては，「①限られた時間内での経験が着実に成長につながるように，仕事を付与する際の丁寧な説明，失敗の振り返り等の支援を行う，②育成段階に応じて働き方やコミュニケーションの仕方に配慮する」（松浦，2017，p.49）といった対応策が

あげられている。①②いずれの対応策においても，職場における人材育成の担い手である管理職の役割がより重要になってくると考えられる。

⑶　働き方改革における労働組合の役割

働き方改革においては，労働組合も重要な役割を担っており，今後も労働組合の役割に期待されるところは大きい。ただし，働き方改革に対する労働組合の関与のあり方については検討すべき課題もある。

佐藤（2008）は，働き方と働かせ方の「節度あるルール」作りのためには適正な仕事管理が重要であり，仕事管理に対する労働組合の発言が必要だと主張している（p.35）。一方，松浦（2017）は「仕事量を規定する組織目標が，働き方改革とは別の意思決定プロセスを経て決定されており，労働組合との交渉事項にもなっていない」（p.50）とし，このため時間当たり生産性の向上に対する，企業の過剰な期待を十分にコントロールできない事態につながる懸念が大きいと指摘している。

つまり，労働組合は組合員の声を吸い上げることを通じて，佐藤（2008）のいうところの「仕事管理」の改善を企業に促すことはできても，松浦（2017）によると「仕事管理」における仕事量の意思決定権限は企業に集中しており，労働組合が実質的に関与できる余地は限られている。このことが佐藤（2008）のいう「節度あるルール」作りの阻害要因の一つになっている可能性があることから，労働組合が今後どのようにして「仕事管理」への関与を強めていくかが検討課題となろう。

一方，松井（2017）は，ゼンセン同盟を事例として労働時間短縮闘争の変遷を振り返り，「労働組合は1990年代前半までは，組合員の主力であった工場労働者を中心に労働時間の集団的決定に関与し，労働時間短縮を進めることができた」（p.37）が，その後個々人により労働時間が異なるホワイトカラーなどが増大するなかで，過重労働やサービス残業が課題となってきたと分析している[4]。集団としての労使交渉が労働組合の強味である一方で，労働時間の個別化によって集団的な意思決定や交渉が難しくなるという点は，賃金などの他の労働条件にも共通しているが，労働時間交渉においてもこうしたジレンマがあ

ることが，この分析結果からも示唆されている。今後，働き方の柔軟化・多様化に，労働組合としてどのように対応していくか，さらに踏み込んだ議論が必要となっている。

　なお，働き方改革は現場の仕事の仕方などの改革を伴うがゆえに，トップダウンとボトムアップの双方向からバランス良くアプローチしていくことが不可欠となる。たとえば，企業の経営者や人事部門をトップとすれば，現場の管理職や社員さらには労働組合がボトムとなるが，これら両者のコミュニケーションが重要で，それがうまくいかなければ働き方改革は成功しない懸念が大きい。

　トップの側としては，ボトムの側が「意見を言っても大丈夫だ」，「意見を言えば変わり得る」と思ってもらえるような雰囲気をつくることが大切で，そういう雰囲気がないとなかなかボトムアップは引き出せない。また，ボトムの側も，単に自分たちの利害を主張するのではなく，大局的な視点から現実的な提案を出すことがより重要になってくると考えられる。

3　ダイバーシティ経営の土台としての働き方改革に向けて

　最後に，働き方改革の目的について改めて考え，その上で企業における働き方改革の方向性について論じたい。

⑴　働き方改革の目的を問い直す

　これまでみてきたとおり，働き方改革においては労働時間の削減や有給休暇取得促進の取り組みが先行している。

　一方，企業に対する調査で働き方改革の目的をみると，「生産性の向上」（87％）が9割弱とトップにあげられ，次に「従業員の心身の健康の向上」（76％），「従業員満足度の向上」（74％），「多様な人材の維持・獲得」（64％）が続いている（図表3-6）。働き方改革の背景として前述した労働力人口減少による人手不足や，厳しいグローバル競争を反映した結果だといえよう。

　問題は，実際に行われている働き方改革が，こうした目的に沿ったものになっているのか，すなわちダイバーシティ経営の土台づくりや生産性の向上に

つながるものになっているのかという点である。

　また，過剰労働によって心身の健康が蝕まれるような事態は当然改善が求められるべきだが，労働時間の削減が目的化し，それを強引に進めようとするあまり，従業員満足度が低下してしまうと，むしろ生産性の向上や多様な人材の獲得・維持に支障をきたす可能性がある。前述の調査（**図表3-3**）でも男性社員の過半数が働き方改革に不満を抱えており，働き方改革が従業員満足度の向上につながっているのか，心もとない結果となっていた。

　今一度，地に足を着けて，働き方改革の本来の目的と，現在進めている取り組み内容との整合性を問い直すことが重要だろう。

　働き方改革の目的としてしばしばあげられる「生産性」という言葉は，さま

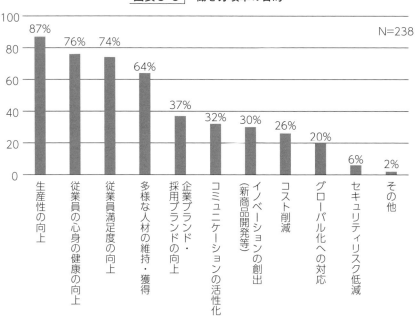

図表3-6　働き方改革の目的

注1：複数回答
注2：2017年6〜7月にかけて，企業を対象として実施された調査。有効回答は238社
注3：働き方改革を単なる長時間労働是正に留めず，「生産性の向上と従業員の働きがいの向上の両面の実現」と定義
出所：デロイトトーマツコンサルティング合同会社（2017）より

ざまな意味合いで多用されている感があるが，労働生産性については，分母を「就業者数×労働時間数」，分子を「付加価値額」として計算するのが一般的である。日本生産性本部雇用システム研究センター編（2018）は，投入・インプット（労働生産性の分母），産出・アウトプット（分子）の増減をもとに，典型的な労働生産性向上のパターンを「効率」「改善」「革新」の３つに整理している（p.4）。つまり，アウトプットが一定で，インプットが削減される場合は「効率」，逆にインプットが一定でアウトプットが増加する場合は「改善」，インプットが削減されアウトプットも増大する場合は「革新」に分類されている（図表３-７）[5]。

図表3-7　労働生産性向上のパターン

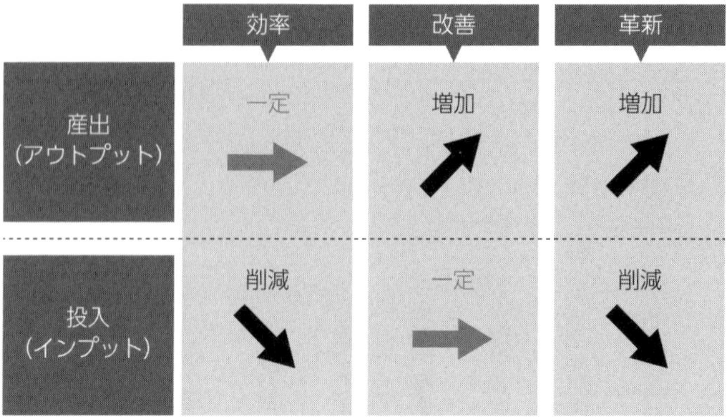

出所：日本生産性本部雇用システム研究センター編（2018）より
　　　日本生産性本部作成の図を一部抜粋

　労働時間の削減や休暇取得促進は，労働生産性の分母であるインプットの削減を通じた生産性向上のパターン，すなわち「効率」に該当するが，これだけをもって生産性を向上させるのには限界がある。

　生産性の向上という面では，分子であるアウトプットをどのように増加させていくかがむしろ重要な論点となる。つまり，生産性の向上を働き方改革の目的とするのであれば，日本生産性本部雇用システム研究センター編（2018）のいうところの「革新」につながっているか，という観点が不可欠だといえる。アウトプットも含めて生産性の向上を実現するためには，労働時間の削減は，

あくまでも目的ではなく手段として捉える必要がある。そして，「革新」につながるような働き方改革においてむしろ重要なのは，一律的な管理のもとでの労働時間削減ではなく，社員それぞれが安易な残業依存体質を解消し，限られた時間を有効に活用する時間意識の高い働き方に転換することなのではなかろうか。

　振り返ってみれば，これまでの恒常的な長時間労働は2つの「安心感」に下支えされてきたようにみえる（図表3-8）。1つは，長時間労働が長らく続いたことで形成された，「今までそうやってきた」という前例踏襲による「安心感」，もう1つは正社員の大部分が長時間労働に同調してきた，同調せざるを得なかった中で形成された「みんなそうやっている」という「安心感」である。このような安心感が時間意識の高い働き方を阻害し，仕事と仕事以外の時間をどう使うかを自分で考えて管理することを不要にしてきた面は否めない。多くの企業で普及してきた〇時絶対退出というような一律的な労働時間削減は，上限を設けることによって時間意識を高めようとする狙いもあると考えられるが，「みんなそうやっている」という面では，つまり自分で考えない，判断しないという面ではこれまでと変わらない

　本来目指すべきは，一律的な押しつけではなく，自律的な時間管理のもとでの，時間意識の高い働き方への転換である。このような方向性に向かうためには，働き方改革においては，「やるべきこと」の優先順位を個人が判断できるように，判断のための価値観や情報を組織で共有することが重要であり，生活改革においては，個人が仕事以外にやりたいこと，やるべきことを見つけることが重要となる。

　こうした時間意識の高い働き方への転換が実現できてこそ，多様な人材を受け入れることができ，それぞれの人材が活躍できるようにするダイバーシティ経営の土台作りにつながる。さらに，ダイバーシティ経営の実現は，働き方改革の背景にある労働力人口減少への対応のみならず，「革新」を通じた生産性の向上にもつながる。

70

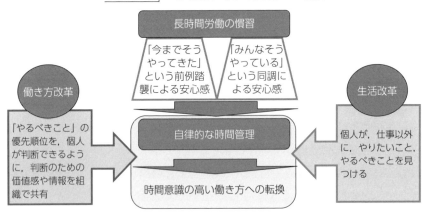

図表3-8 時間意識の高い働き方への転換

出所：筆者作成

⑵ ダイバーシティ経営の土台となる働き方改革

　多くの日本企業においては，男性正社員を，勤務できる時間や地域に制約が
ない同質的な集団とみなして，日本的雇用システムのもとで中核人材として活
用する「同質性のマネジメント」が長く続けられてきた。働き方改革は，ダイ
バーシティ経営を実現するための土台作りであり，日本企業に深く根付いた
「同質性のマネジメント」を「ダイバーシティ・マネジメント」へと転換する
ための取り組みでもある（松浦，2016）。

　前述したように労働時間削減はそのための手段の一つであり，それだけでダ
イバーシティ経営が実現するものではなく，たとえ長時間労働がない企業で
あっても，多様な人材が時間意識の高い働き方を実践しながら最大限活躍でき
ていなければ働き方改革が必要となる。

　まずは，企業がこれまで当然視してきた働き方，残業を前提とするフルタイ
ム勤務の働き方を見直し，時間制約のある人材を含めて多様な人材を受け入れ，
そうした人材が能力を発揮し，経営に貢献できるようにしなければならない。
そのためには，職場での一律的なワークルールの見直しも欠かせない。勤務で
きる時間や地域に制約がないことを前提としたワークルールは，それらに制約

がある多様な人材を実質的に締め出すことになりかねない。時間や場所に制約のある多様な人材が活躍できるように，企業が柔軟な働き方を導入・運用することも有効だろう。職場単位でも，何気なく勤務時間後に開催される重要な打合せの時間を，多様な人材が参加できる勤務時間内に移すだけで，多様な人材の成長に寄与することになる。

　また，多様な人材が活躍しやすい風土を形成するために，管理職が多様な人材をうまくマネジメントできる，あるいは社員が多様な人材とうまく協働できるようになるための成長機会を，OJT，Off-JTの双方の面から企業が提供することも必要であろう。具体的には，多様な人材をマネジメントする管理職，さらには全社員に対して，ダイバーシティ・インクルージョンや生活改革支援の研修などを行うことが考えられる。

　さらに，企業が，働き方改革をダイバーシティ経営の土台づくりにつなげるためには，多様な人材活用に適合的な人事管理システムとして，非年功的な処遇管理や自己選択型キャリア管理への転換が不可欠となろう。とりわけ幹部候補のなかで多様な人材をマイノリティにしないことが重要であり，多様な人材を昇進競争から実質的に排除しないような異動管理・評価制度を構築する必要がある。たとえば，転居を伴う転勤をするかどうかを，キャリアの一時期だけでも自己選択できるようになれば，次の昇進に望みをつなげられる多様な人材が存在する。

　こうした一律的なワークルールの見直し，多様な人材が活躍しやすい風土の形成，さらには多様な人材活用に適合的な人事管理システムの構築を地道に進めてこそ，働き方改革がダイバーシティ経営の土台づくりとなり，ダイバーシティ経営への転換につながっていくと考えられる。

POINTS

◆　2010年代の後半ごろから，いわゆる「働き方改革」の動きが広がってきた背景には，労働力人口減少に伴う人手不足，厳しいグローバル競争のもとでの生産性向上の必要性の高まりがあり，これらを解決するためのダイバーシティ経営の必要性が改めて注目されている。さらに，時間

外労働の上限規制の議論・法制化が働き方改革の広がりを直接的に後押しした。

◆ 企業における働き方改革においては，現場に対して労働時間の削減を直接的に促す取り組みが先行している一方で，その削減のために本来不可欠な人事管理政策の見直しは限定的であり，労働時間や生産性に大きな影響を及ぼすと考えられる組織戦略や事業戦略はほとんど見直されていない。

◆ 労働時間の削減は，あくまでも目的ではなく手段として捉える必要がある。一律的な労働時間削減の取り組みを徹底するよりも，むしろ社員1人1人が時間意識の高い働き方に転換することのほうが重要である。同時に，働き方改革をダイバーシティ経営の土台づくりにつなげるためには，一律的なワークルールの見直し，多様な人材が活躍しやすい風土の形成，さらには多様な人材活用に適合的な人事管理システムを構築していく必要がある。

|注
1 時間外労働の上限規制は，この領域のなかの対応策の一つとして位置づけられている。
2 ここでいう「労働時間の制限」には「残業制限・禁止（ノー残業デー，長時間労働職場への働きかけ等）」「労働時間短縮目標の設定」「朝型勤務」が，「働き方の柔軟化」には「フレックスタイム」「在宅勤務」「サテライトオフィス等のモバイル勤務」「裁量労働制」が含まれる。
3 さらに松浦（2017）は，労働時間削減のために先進的な取組を展開する大手企業5社を対象として，事業・組織戦略や人事管理政策と連動した取り組み内容に焦点を当てたインタビュー調査を実施している。そこから事業戦略としては「収益性の高い事業領域へのシフト」「働き方改革に理解を得るための顧客への働きかけ」を，組織戦略としては「管理職のキャパシティに配慮した組織の人数規模の制限」を，人事管理政策としての「所定労働時間の短縮」「報奨金の支給」「割増賃金の見直し」「部下の長時間労働による利益にペナルティを課す評価制度」を抽出している。
4 労働組合の労働時間削減に向けた取り組みを，事例をもとに分析した既存研究としては，他にも鈴木（2003），千頭（2008）などがある。
5 日本経済団体連合会（2018）では，インプットの改善，アウトプットの増大，インプットの改善・アウトプットの増大，の3つのパターンそれぞれについて，財・サービスの生産曲線の変化が示されている（p.11）。

| 参考文献

NTTデータ経営研究所・NTTコム リサーチ（2019）「働き方改革2019　〜働き方改革に取り組んでいる企業は昨年度から1割強増加し，今年度は49.3%〜」（共同調査）.

大木栄一・田口和雄（2010）「『賃金不払い残業』と『職場の管理・働き方』・『労働時間管理』─賃金不払残業発生のメカニズム」『日本労働研究雑誌』No.596，pp.50-68.

厚生労働省「働き方・休み方改善ポータルサイト」http://work-holiday.mhlw.go.jp/（2016年4月1日閲覧）.

佐藤厚（2008）「仕事管理と労働時間─長労働時間の発生メカニズム」『日本労働研究雑誌』No.575，pp.27-38.

鈴木不二一（2003）「サービス残業の実態と労働組合の対応」『日本労働研究雑誌』No. 519，pp.47-57.

滝澤美帆（2018）「産業別労働生産性水準の国際比較」『生産性レポート Vol.7』，pp.1-12.

千頭洋一（2008）「UIゼンセン同盟における労働時間適正化への取り組み」『日本労働研究雑誌』No.575，pp.62-69

デロイトトーマツコンサルティング合同会社（2017）『働き方改革の実態調査2017：Future of Workを見据えて』.

日本経済団体連合会（2018）『経営労働政策特別委員会報告2018年版』.

日本生産性本部雇用システム研究センター編（2018）『データでみる「日本の生産性×働き方改革」：生産性革新によるイノベーションの創出へ』.

日本生産性本部（2019）『労働生産性の国際比較2019年版』.

働き方改革実現会議（2017）「働き方改革実行計画」（2017年3月28日決定）.

松井健（2017）「労働時間短縮闘争から見た日本の労働時間」『日本労働研究雑誌』No.679，pp.29-41.

松浦民恵（2016）「『同質性のマネジメント』からダイバーシティ・マネジメントへ」『連合総研レポート』2016年4月号 No.314，pp.5-8.

松浦民恵（2017）「働き方改革のフロンティア─改革の射程の広がりを視野に」『日本労働研究雑誌』No.679，pp.42-51.

リクルートワークス研究所（2017）「出直しの働き方改革」『Works』145（2017.12-2018.01）.

第 **4** 章

働き方改革の担い手としての管理職

　働き方改革の成否は，主として職場の管理職のマネジメントにかかっている。多様な人材が活躍できる企業・職場とするためには，管理職自身が時間制約を自覚することが必要となる。しかし現在の管理職は，これまで時間制約を意識せずに仕事をしてきた者が多い。「仕事中心の価値観」を持っているだけでなく，そうした価値観を望ましいと考えている管理職が少なくないことによる。こうした仕事中心の価値観を変え，管理職が自分のワーク・ライフ・バランスを大事にすることが鍵となる。また，管理職が働き方改革を担うためには，管理職の働き方を見直し，管理職としての本来の役割を担えるようにする必要がある。つまり，働き方改革を担う役割を管理職に求めるのであれば，企業としてはその役割を担えるように管理職を支援することが必要になる。現状では，企業による働き方改革の取り組みが，むしろ管理職の多忙化をもたらし，働き方改革を管理職が担うことを阻害している状況すらみられる。

　本章では，働き方改革の担い手としての管理職の役割を取り上げる前に，管理職の部下マネジメントの課題や多様な部下をマネジメントする管理職に求められる「ヒューマンスキル」の重要性，さらに「無意識の思い込み」の解消など部下育成の課題を取り上げる[1]。最後に，「ヒューマンスキル」は低いものの「テクニカルスキル」が高い管理職候補者の仕事意欲を維持するために，昇進キャリアの複線化を提案する。

1 管理職の役割と部下マネジメント

(1) 管理職の基本的な役割：「他者依存性」

　働き方改革と管理職の役割の関係を取り上げる前に，本章で対象とする管理職の範囲と，企業経営における管理職の役割を説明しよう。本章で取り上げる管理職は，非管理職の部下である担当者を直接的に指揮命令する者である。業務の中で部下マネジメントの比重が大きな管理職であり，一般的には課長層が該当する。もちろんこの課長の部下の中には，主任層など中堅社員が含まれることもある。他方で，課長の上司に該当する部長層は，原則として議論の対象外となる。

　本章で取り上げる管理職の範囲を上記のように限定した上で，管理職の基本的な役割を紹介しよう。管理職の基本的特徴は「他者依存性」にある。なぜならマネジメントとは「他の人々を通してことを成し遂げること」にあることによる[2]（金井，1993）。言い換えれば，マネジメントの担い手としての管理職の役割は，他者である部下の働きを通して，管理職自身の課せられた目標を達成することにある。

　管理職は，自己に課せられた目標を達成するために，「計画する」（目標を実現するための戦略の立案など），「組織化する」（戦略を実行するために，スケジュールを作成し，業務を部下に割り振るなど），「リーダーシップを発揮する」（部下とコミュニケーションをとり，部下の仕事意欲を喚起するなど），「コントロールする」（計画と実績の乖離があれば，計画を修正するなど）の4つのマネジメント機能を担うことになる[3]。さらにこうした機能を担う管理職に求められるスキルは，「コンセプチュアルスキル」（概念化能力や構想力），「ヒューマンスキル」（対人関係能力や人間関係能力），「テクニカルスキル」（業務遂行能力や問題解決能力）の3つのスキルに整理されることが多い[4]。これらの4つのマネジメントと3つのスキルの関係をみると，「コンセプチュアルスキル」は「計画する」や「組織化する」ことに，「ヒューマンスキル」は

「リーダーシップを発揮する」ことに，「テクニカルスキル」は4つのマネジメント機能を支えるものとなろう。

　非管理職の担当職では，「テクニカルスキル」の獲得が重要で，課長相当の管理職になると「テクニカルスキル」に加えて，新たに「コンセプチュアルスキル」と「ヒューマンスキル」の獲得が必要となる。とりわけ「ヒューマンスキル」は，管理職が「リーダーシップを発揮する」ために，つまり部下とコミュニケーションをとり部下の仕事意欲を喚起するために不可欠ものである。言い換えれば，「ヒューマンスキル」の中でも，部下の働きぶりを左右する「仕事意欲」の喚起の取り組みが重要になる。

⑵　多様な部下のマネジメントが必要に：なぜ「傾聴」が重要か

　最近の管理職教育では，管理職の「傾聴」力を高めることが重視されている。その背景には，管理職が担当職だった頃の同僚の属性や働き方，さらには価値観と，管理職になった現在の部下のそれらが大きく異なることによる。現在の管理職が担当職だった時代の上司，つまり当時の管理職を取り上げると，部下の属性や働き方，さらには価値観が，管理職自身のそれらと類似していた。例えば，管理職と部下の両者とも，男性が多く，フルタイム勤務で残業が可能で，仕事中心の価値観を持つ者が多かった。そのため，部下にいちいち尋ねなくとも，自分自身を振り返ることで，部下が希望する仕事やキャリアなどを理解することができたのである。しかし，現在の管理職にとっての部下は，男性だけでなく女性も多く，また外国籍社員や短時間勤務の社員，またフルタイム勤務でも残業免除で働く社員，さらには仕事だけでなく仕事以外の生活を大事にする価値観を持った社員など，部下の属性や働き方や価値観が多様化している。つまり管理職は，これまで一緒に働いた経験がない多様な部下をマネジメントする課題に直面している。こうした結果，日本人男性で，フルタイム勤務で残業ができ，仕事中心の価値観を持った担当職を前提とした従来の部下マネジメントを改革することが管理職に求められることになったのである。現在の管理職が担当職だった時代の上司の部下マネジメントは，現在の管理職にとっては学ぶべきモデルではないことになる。

　現在の管理職には，従来の管理職とは異なる多様な部下をマネジメントする「ヒューマンスキル」が求められると同時に，「ヒューマンスキル」のなかでも部下とのコミュニケーション，とりわけ部下の意向を「傾聴」することが大事になっている。なぜなら管理職と部下の価値観が異なるだけでなく，仕事や仕事以外での希望や課題などは部下に直接尋ねなくてはわからないことが増えたことによる。

　さらに，仕事以外にも大事なことがある部下が増えたため，部下が意欲的に仕事に取り組めるようにするためには，仕事と仕事以外の生活の両立を支援することが不可欠になっている。仕事と仕事以外の生活の両立ができないと社員はワーク・ライフ・コンフリクト（WLC）に陥り，仕事に意欲的に取り組むことが難しくなることによる（佐藤・武石，2010）。管理職には，部下がWLCに直面したらそれを解消し，WLBが実現できるように支援することが求められる。そのためには部下の仕事以外の生活上の希望や課題を理解することが必要で，管理職には，部下と円滑なコミュニケーションを築くことが不可欠となる。それは，部下の仕事以外の生活の希望や課題などは，部下に直接尋ねなくてはわからないことによる。例えば，部下の介護の課題などは，部下がその課題を上司に話さない限りは管理職として把握することが難しい。近年，管理職と部下の円滑なコミュニケーションツールとして「1on1ミーティング」が注目されているが，これは部下の成長支援や管理職と部下の間の信頼関係の構築だけでなく，仕事だけではわからない部下の健康状態や家庭の事情などを知る機会として有効であることによる（松岡，2018）。

　他方で，管理職として，部下の仕事以外の生活での希望や課題などを知るためのコミュニケーションでは慎重な取り組みが必要となる。それは，部下が話したくないことを無理に聞き出すような対応をすると，個人的な領域への侵害として，パワーハラスメントの一つである「個の侵害」[5]になると，部下が受け止める可能性があることによる。こうした事態にならないようにするためには，部下から聞き出すのでなく，個人的な希望や課題を部下の側から話しやすいような信頼関係を日頃から構築しておくことが管理職に求められる（松岡，2018）。この点が不十分だと，管理職がよかれと考えて行った部下への行動が，

パワーハラスメントと受け取られることになりかねないのである。

⑶　部下育成と「ピグマリオン効果」

　管理職の役割は，すでに説明したように，部下である「他の人々を通してことを成し遂げること」にある。そのためには，部下が仕事に意欲的に取り組めるように支援することに加え，部下の能力開発も重要となる。もちろん，新人の場合には部下育成は管理職が担うべき業務となるが，管理職の主たる業務は部下の能力開発にあるわけではない。しかし新人だけでなく，一人前になった部下の能力開発が管理職に求められる機会も多い。部下に割り当てた業務の遂行に求められる能力と部下が保有している能力の間に乖離が生じる場合などがあることによる。部下に割り当てる業務の遂行に必要な能力と部下が保有する能力が合致していることが望ましいが，現実にはその乖離が生じることが少なくない。例えば，営業方法の変更に合わせて，新しい営業方法に必要な能力を部下が獲得できるように，管理職として支援する必要性などがこれに該当する。また，今の仕事に必要でなくとも，部下が次の段階のキャリアへ円滑に移行できるように支援する能力開発などもある。女性の管理職候補者を増やすために，部下の女性に対してプロジェクトリーダーの仕事を意識的に割り振ることなどがこの例となる。

　以上によると，管理職による部下の能力開発支援は，①新人の育成に加えて，②新しい仕事に必要な能力開発の支援や③将来のキャリア段階に進むことに必要な能力開発の支援の3つが主なものとなろう。③の能力開発支援は，会社や管理職が当該社員に期待しているキャリアを実現するための育成と，部下が希望しているキャリアの実現を支援するための育成の2つに分けることができる。会社や管理職が当該社員に期待しているキャリアを実現するための育成支援であっても，部下が希望しているキャリアとの事前の摺り合わせが重要になる。部下が希望するキャリアの実現につながることが，部下の能力開発意欲を左右することによる。

　上記を踏まえて，以下では①の新人の育成と③の将来のキャリアにつながる部下の能力開発支援の2つを取り上げ，それぞれの課題を紹介する。

　第1に，初期キャリア段階での新人の育成では，人事セクションなどが行う Off-JT（職場外訓練）だけでなく，配属職場でのOJT（職場内訓練）の果たす役割が大きい。OJTによる新人育成には，配属先の管理職によって能力伸張に差が生じるという課題がある（高村，2017等）。ここでの能力伸張の差とは，職場に配属された新人が，一人前の社員に求められる能力を獲得するまでの期間の長短を想定している。企業による教育訓練投資の観点からは，できるだけ短期間のうちに，新人が一人前の社員に求められる能力を獲得できることが望ましい。同時に，初期キャリアの段階での仕事経験による能力伸長は，新人の定着志向やその後の仕事への自信を大きく左右することからもOJTは重要な育成手段と言える（若者の就職・転職の在り方に関する研究会，2018）。仕事経験による能力伸長は，新人時代のいわゆる「成功体験」として重要である。

　例えば営業部門では，人事セクションなどによる集合研修のあとに職場に配属された新人社員に関しては，通常は次のような育成策が行われよう。新人社員には指導担当者を配置し，最初は指導担当者との同行営業を通じて営業の基本を学ばせ，次に職場のなかで比較的簡単な仕事を割り振り，指導担当者の指導の下で営業業務を単独で担わせる。課題に直面した場合は，指導担当者に相談しながら新人はそれを解決していくことになる。新人社員が最初に担当する仕事としては，定番商品で競合企業がなく価格交渉の必要がない業務などがある。そうした業務であっても，新人にとっては学ぶ機会となり，こうした仕事経験を通じて営業の基礎を学んでいく。営業の基礎を身につけたあとは，次のキャリア段階に求められる能力の獲得につながる仕事として，価格交渉や企画提案が必要な仕事を割り振ることになる。このように新人社員は，職場での具体的な仕事経験，つまりOJTを通じて一人前の営業担当者に求められる能力を獲得していくのである。

　こうしたOJTによる新人社員の育成では管理職は部下の能力伸張を適切に把握し，次の段階の能力獲得につながる仕事を順次割り当てていくことが必要になる。例えば，定番商品の営業を担当している新人社員が，その仕事経験で学ぶことができる能力をすべて獲得しているにもかかわらず，管理職がそのことを把握できずにその仕事の担当を続けさせると，能力向上につながらず，育成

の観点からするとそれは無駄な仕事経験の期間となる。つまりOJTは，仕事を経験すれば自動的に能力向上につながるものではない。部下が保有している能力の状況や能力の伸張を適切に把握し，次の段階の能力獲得につながる仕事を管理職が部下に割り当てることができてはじめてOJTは育成機会として機能する。そのためOJTによる部下育成では，管理職は部下が保有している能力や仕事経験を通じた能力伸張の状況を，部下の業務遂行や仕事の成果，さらには部下とのコミュニケーションを通じて，適切に把握することが求められる[6]。

　第2に，初期キャリア以降のOJTによる部下育成の課題は，①次の段階のキャリアにつながる能力獲得に貢献する仕事機会が希少であることに加えて，②そうした仕事機会を割り振る際には，部下の能力の伸張可能性に関する適切な評価が求められること，の2つである。上記の①に関しては，能力ランクが高い社員が担当している仕事を育成のために他の部下に割り当てる方法と，部下の育成につながるような仕事機会を職場で作り出して，それを割り当てる方法の2つがある[7]。前者には管理職自身が担当している仕事を切り出して，育成を考えている部下に割り当てることも含まれる。この2つの課題のうちとりわけ対応が難しいのは上記の②である。それは新人社員の育成とは異なり，初期キャリア以降の育成では，業務上重要な仕事機会を能力開発のために部下に割り振ることが必要となるため，仕事を割り振られた社員がその仕事を完遂できない可能性があることによる。なぜなら事前に完遂が確実視できるような仕事では，当該社員の能力開発機会とならないからである。したがって，管理職が能力開発につながるような仕事を部下に配分することができるためには，①部下が割り振られた仕事を完遂できる可能性がかなり高く，かつ②もし完遂できないときは，管理職自身や他の部下がカバーして仕事を完遂できると想定できることが必要となる。前者の①は部下の能力伸長の可能性に関する判断に，後者の②は管理職や他の部下がカバーに入ることができる時間的なゆとりに依存する。

　以上のように，次のキャリア段階に必要な能力獲得につながる仕事を管理職が部下に割り振れるかどうかは，「部下の能力伸長の可能性」に関する判断に大きく依存することになる。能力伸長の可能性があると判断された部下には育

成につながるような仕事機会が配分されるが，他方，その可能性が低いと判断された部下にはそうした仕事機会が配分されないことになる。能力向上につながるような仕事機会を配分されない部下は，当然の結果として能力が伸びないため，当該部下の能力伸張の余地がない，あるいは少ないとする管理職の部下評価が強化されることになる。このように，部下の能力伸張の余地に関する管理職の評価が，部下の能力伸張を実際には決めることになるのである。

　ここで問題になるのは，管理職による部下の能力伸長の可能性に関する判断が適切であるかどうかと言うことである。こうした事態は，新入社員の初期キャリアでも生じるが，新入に関しては通常は能力伸張の可能性に関する評価に違いが少ないといえる。もちろん後述するように男女別などに違いがある可能性は高い。こうした管理職の部下への期待の重要性に関してLivingston (2002) は，ローゼンタールらの教育現場における「ピグマリオン効果」(Rosenthal& Jacobson, 1968) を援用し，「ピグマリオン・マネジメント」と名付けた。これらの研究は，社会学者であるMerton (1949) の「予言の自己成就」に影響を受けたものである（Eden, 1984）。

　以上のようにOJTによる人材育成では，部下への仕事機会の配分権限を持っている管理職の役割が大きく，部下の能力伸長の余地を適切に評価することが求められることになる。部下の能力伸張の余地を管理職が適切に把握するためには，少なくとも次の2点が大事になる。

　第1は，部下に仕事を割り振る際には，（管理職自身が意識していない場合も多いが）部下の保有能力だけでなく，能力伸張の余地を考慮していることを自覚することである。管理職は，この点を自覚することで，部下の保有能力や能力伸張の余地に関して慎重に判断するようになろう。

　第2に，部下の保有能力や能力伸張の余地に関する評価に関して管理職は，常に自分の評価が適切かどうか疑うことが大事になる。例えば，管理職が新しい職場に異動すると前任者から引き継ぎがあり，その際に業務に関するものだけでなく，部下の能力や働きぶりなどに関する評価情報についても引き継ぎが行われることが一般的である。また管理職は，部下の過去の人事考課の結果を閲覧できる企業が多い。こうした結果，管理職は部下の実際の働きぶりや保有

能力などを知る具体的な機会を得る前に，部下の働きぶりに関する様々な評価情報に触れる機会が多いことになる。こうした結果，過去の部下の働きぶりに関する伝聞や記録に基づいて，部下への仕事機会を配分したり，能力向上につながる仕事機会を提供したりする可能性が高くなる。それら評価情報が適切なものである場合は良いが，そうでないと部下への仕事配分が誤った情報に基づいて行われることになる。こうした事態を避けるためには，他者などから得た部下に関する評価情報を管理職として再評価することが大事になる。

⑷　管理職の「無意識の思い込み」（アンコンシャス・バイアス）

　部下育成における「ピグマリオン効果」や「ピグマリオン・マネジメント」と密接に関係する議論として，「無意識の思い込み」（アンコンシャス・バイアス）[8]がある。人間は合理的な意思決定を志向していても，利用できる情報や時間を含めた様々な資源に制約があり，可能性のあるすべての選択肢を吟味することができないため，合理的な最適解ではなく，受け入れ可能な解（「満足解」）を見つけて，それを選択することが明らかにされている。これがSimonの「限定合理性」（bounded rationality）である（Simon, 1997[9]）。こうした結果，人間の判断では，完全な合理性から逸脱した「バイアス」として，意思決定の「思い込み」や「誤り」が生じる可能性が高くなる。こうした「限定合理性」の下，人間が判断や意思決定をする際に，無意識に使っている単純化策や経験則は，「ヒューリスティック（heuristic）」と呼ばれている[10]。「ヒューリスティック」は，複雑な環境の中，「限定合理性」という制約下で人間が意思決定するための対処策でもある。代表的な「ヒューリスティック」には，「代表性ヒューリスティック」や「利用可能性ヒューリスティック」などがある。

　ここで取り上げる職場における管理職の意思決定における「ヒューリスティック」は，職場に不公平感をもたらす可能性が高いものとなる。例えば，「利用可能性」は，これまでも人事考課におけるバイアスとして知られているハロー効果や遠近効果などが該当する。ハロー効果は，特に優れた点や劣った点があるとそれ以外の評価がそれによって影響されるバイアスで，遠近効果は最近時点の部下の働きぶりが大きく評価に影響し，過去のことは評価への影響

が小さくなることである（今野・佐藤，2020）。

　企業が，「無意識の思い込み」として管理職研修などで取り上げているのは，主に「ヒューリスティック」のうちの「代表性」に関するものが多い。例えば，管理職が部下育成を考える際には，能力の伸張可能性や勤続可能性などを事前に想定することが必要である。その際，管理職自身は無意識であることが多いが，部下の特定の属性（カテゴリー）の「確率的」あるいは「平均的」な特徴に基づいて，育成の方法を判断しがちとなる。例えば，①子育て中の女性社員は子育てがあるので，泊まりが必要な出張は難しいと考え，そうした仕事は別の社員に割り振ったり，②既婚女性社員は，出産や子育てのライフイベントの際には育休や短時間勤務をかなりの期間利用することになるので，長期のキャリアを考えた育成は難しいと判断したり，③高齢社員はITの知識を必要とする仕事を担当することは難しいと考え，そうした仕事は若手社員に割り振ること，などをあげることができる。いずれの判断も，子育て中の女性や既婚女性，さらに高齢者といった社員の特定の属性の「確率的」あるいは「平均的」な特徴に基づいた部下マネジメントと言える。これらに加えて，管理職が特定の部下に関する過去の経験を，当該部下と同じ属性の他の部下に当てはめて部下マネジメントを行うこともある。例えば，大卒の新入女性社員を数年かけて一人前の営業担当者として育成し，さらに次のキャリア段階に進めるために価格交渉や企画提案が必要な仕事を担当させたが，その数ヶ月後に退職してしまったとする。こうした経験が過去にあった管理職は，特定の部下の離職経験にも関わらず，その部下と同じ属性の他の女性社員に関しても価格交渉が必要な営業業務は務まらないと一般化して理解し，新たに配属された大卒女性に関してもそうした仕事機会を割り振らないなどの部下マネジメントをしがちとなる。

　管理職が，部下の属性などの「確率的」あるいは「平均的」，さらには過去に自分が経験した個別の経験の一般化などに基づいて，部下への仕事の割り振りを決めることは，部下の能力開発機会を制約したり，仕事意欲を低下させたりすることになる。もちろん，意思決定の際のこうした単純化策や経験則に基づいて管理職が判断することは，人間の「限定合理性」の下では，不可避な場

合が多いことも事実である。しかし，部下マネジメントでは，自分の意思決定が，「無意識の思い込み」によるものでないかどうかを，管理職としては常に自覚することが必要となる。

　部下マネジメントにおけるこのような「無意識の思い込み」を回避するために何が必要となるのか。部下マネジメントにおいて管理職は，部下の能力伸長の可能性や仕事上のキャリア希望，さらには仕事以外の生活上の課題に関して，当該部下の属性から「確率的」あるいは「平均的」に判断するのではなく，部下一人一人を異なる"個"として捉え，その上で部下と十分なコミュニケーションを取ることが大事となる。子育て中の女性は泊まりのある出張は難しいと判断し，他の社員にその仕事を割り振ることを例示した。こうした対応を行う管理職は，自分が部下のWLBに配慮していると自己評価しがちである。しかし部下の側からみると，泊まりのある出張でも自分のキャリアにプラスとなる仕事機会であれば，夫や親に子供の世話を依頼して出張のある仕事でも引き受けたいと考えている可能性もあるのである。他方，引き受けたいという仕事機会でも，夫が単身赴任のため泊まりのある出張は難しい部下もいる。つまり，子育て中の女性が同じキャリア希望を持っていても，仕事以外の状況が異なるのである。この点を理解するためには，日頃から部下と十分なコミュニケーションをとり，例えば泊まりのある出張の仕事機会に関する本人の希望を事前に確認しておくことが大事になる。部下の属性が同じあっても，個々人は多様で，それぞれの部下を"個"としてマネジメントすることが大事で，そのためには部下一人一人との円滑なコミュニケーションが重要となる。

⑸　男女などによる部下育成の違い：育成機会を中心に

　管理職による部下への育成期待や育成行動が，部下の性別や部下の働き方（フルタイム勤務者と短時間勤務者）によってどのように異なるかに関して，個人調査で明らかにした研究を紹介しよう[11]。この調査は，営業職場で一次考課を行う課長相当の管理職を対象として，部下に対する育成期待や育成行動が，同じ雇用区分に属する部下の性別や，同じ女性社員でもその中のフルタイム勤務か短時間勤務によって，どのように異なるかを調べたものである。いずれも

上記に該当する部下が，それぞれ1名以上いる管理職を調査対象としている。比較対象となる部下が複数いる場合は，社内等級が近い部下同士を比較するように依頼している。

　調査結果によると，部下マネジメントに関する部下の性別による違いの比較では，男女とも同じような育成期待や育成行動が確認できる事項と，女性と比較して男性に対する育成期待や育成行動が異なる事項が確認できる。図表4-1で，育成期待をみると，男性部下と比較して女性部下に関しては「後進にとって良いロールモデルになりそうだ」と期待している管理職が多いものの，「将来管理職になりそうだ」は指摘率が低くなる。つまり，女性部下には他の女性のモデルになることを期待している管理職が多いものの，男性部下に比較して女性部下に管理職になることを期待する管理職は少なく，女性部下に関しては，メンバーをまとめるリーダーや後進を育成できる人材として期待していることがわかる。さらに，男性部下と比較して，女性部下に関しては，「部下

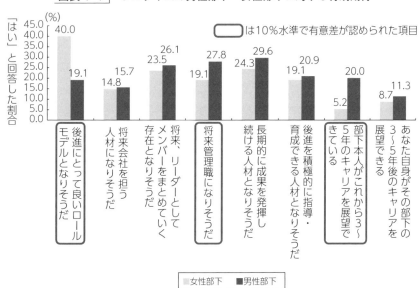

図表4-1　フルタイムの男性部下・女性部下に対する育成期待

出所：中央大学大学院戦略経営研究科ワークライフ・バランス＆多様性推進・研究プロジェクト（2018b）

本人がこれから3年から5年のキャリアを展望できている」と評価している管理職の比率も低い。つまり管理職は，男女の両方に部下に対して育成期待を持っているものの，男女で期待の内容が微妙に異なり，とりわけ管理職になることの育成期待は，男性部下と比較して女性部下では低い管理職が多くなる。

　こうした部下の男女による育成期待の差は，図表4-2のように部下に対する育成行動の男女による違いとして現われている。男女別に部下に対する育成行動をみると，女性部下と比較して男性部下に対しては，「今後のキャリアを後押ししている」，「やりがいのある仕事を与えている」，「部下の職務遂行上の課題を指摘している」などを行っている管理職が多い。つまり，女性部下と比較して男性部下に対しての方が，キャリア形成支援や仕事上のチャレンジ機会提供，さらに育成につながるフィードバックを行っている管理職が多くなる。他方，男性部下と比較して女性部下に対しては，「部下の気持ちや立場を大切

図表4-2｜　管理職の部下育成行動：男性フルタイム部下と女性フルタイム部下

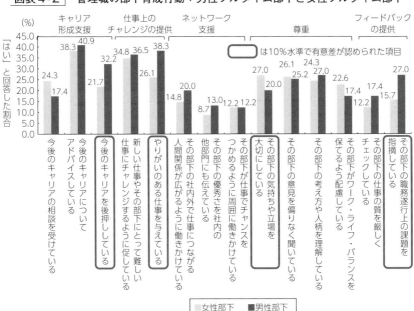

出所：中央大学大学院戦略経営研究科ワークライフ・バランス＆多様性推進・研究プロジェクト（2018b）

にしている」を指摘する管理職が多いことがわかる。

　以上のように，男女部下に対する育成期待の違いが，男女部下に対する管理
職の育成行動の違いをもたらしていると考えられる。管理職の男女部下に対す
る育成期待の相違は，管理職が想定している女性に関する「確率的」あるいは
「平均点」な行動特性から生じている可能性が高い。例えば，男性部下と違い
女性部下は，結婚や出産と言ったライフイベントがあるため，中長期のキャリ
アを考えた育成は難しい，女性はワーク・ライフ・バランスを重視しているの
でその点への配慮が大事で，泊まりが必要な出張は割り振らない方が望ましい
などと，管理職が考えている可能性が高いのである。こうした配慮を必要とす
る女性部下と必要としない女性部下の両者がいる場合，管理職によるそうした
一律の配慮があると女性部下への育成につながる仕事機会の配分の適正化を阻

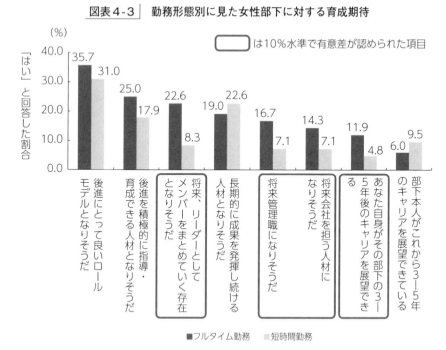

図表4-3　勤務形態別に見た女性部下に対する育成期待

出所：中央大学大学院戦略経営研究科ワークライフ・バランス＆多様性推進・研究プロジェクト
　　（2018b）

害することになろう。

　さらに，女性の中でフルタイム勤務の部下と短時間勤務の部下に関して管理職の育成期待を比較すると，図表4-3のようにフルタイム勤務の部下に比較して短時間勤務の部下に対する育成期待が低くなっている管理職が多い。その結果，図表4-4のように同じ女性でもフルタイム勤務の部下と比較して，短時間勤務の部下に対してはキャリア形成支援や仕事上のチャレンジ機会の提供をしていない管理職が多くなる。言い換えると，フルタイム勤務の男性と比較すると，短時間勤務の女性は，管理職から受ける育成期待がより低くなると考えられる。つまり，短時間勤務の女性は，女性であることと短時間勤務であることの両者の「確率的」あるいは「平均的」な特徴から，管理職からの育成行動が低くなっているのである。もちろん管理職の中には，男女別や勤務時間別

図表4-4　部下の勤務体系別にみた管理職の部下育成行動

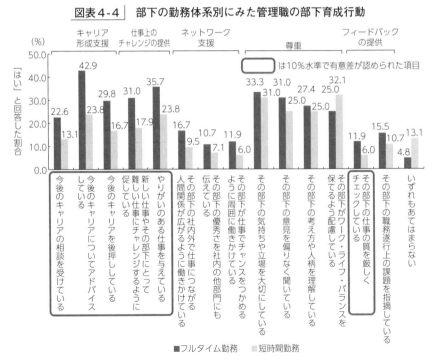

出所：中央大学大学院戦略経営研究科ワークライフ・バランス＆多様性推進・研究プロジェクト（2018b）

の「確率的」あるいは「平均的」な特徴ではなく，部下一人一人のキャリア希望や能力伸長の可能性を把握する努力を行い，部下一人一人に即した育成行動を行っている管理職も少なくない。こうした管理職を増やしていくためには，女性社員や子育て中の短時間勤務の女性社員などに関する管理職の「無意識の思い込み」を解消していく必要がある。

2 働き方改革と管理職の役割：ダイバーシティ経営の土台作りとしての働き方改革[12]

(1) 働き方改革の目的

働き方改革に関する社会的な関心が高まり，企業による働き方改革の取り組みも急速に進展しつつある。しかし，企業における働き方改革の現状をみると，残業など長時間労働の解消の取り組みが多いことがわかる（狭義の働き方改革）。働き方改革には，もちろん長時間労働の解消も含まれるが，それのみが目的ではない。健康を害するような長時間労働や法違反は，即刻解消すべきなのは言うまでもない。

働き方改革において大事な取り組みは，社員1人1人が高い時間意識を持った働き方へ転換することにある（広義の働き方改革）。この点では，残業のない職場でも働き方改革が必要となる。もちろん，長時間労働の解消には，時間をかけた働き方に依存するビジネスモデルや取引先との関係，さらには要員の量・配置など企業の経営戦略や人事戦略の見直しが不可欠な場合も少なくない。

働き方改革で解消すべき課題は，仕事が終わらなければ残業すれば良いと考える「安易な残業依存体質」である。安易な残業依存体質が根強い結果，時間を大事に活用する意識が弱く，労働生産性が低くなるという課題が生じている。安易な残業依存体質が根強い背景には，必要なときにはいつでも残業ができる社員，つまり仕事中心の「ワーク・ワーク社員」が基幹的な人材層を構成していた時代にできあがった働き方が，慣性として存続していることがある。現状の働き方を前提とすると，ワーク・ワーク社員以外の人材つまり「ワーク・ラ

イフ社員」などの活用や活躍が阻害され，そうした人材が意欲的に仕事に取り組めないという課題が生じることになる。ここでのワーク・ライフ社員とは，仕事も大事だが，仕事以外にも大事なことや取り組まなくてはならないことがある者である。例えば，仕事と子育てや介護の両立の課題のある社員などを上げることができる。企業が，ワーク・ワーク社員以外のワーク・ライフ社員も受け入れ，そうした人材が保有する能力を活用するためには，従来の働き方の改革が不可欠なのである。つまり働き方改革とは，多様な人材が企業経営に貢献できる，いわゆるダイバーシティ経営を実現するための土台作りなのである。

⑵　広義の働き方改革の進め方と管理職の役割

　広義の働き方改革を進めるためには，社員一人一人が，時間意識の高い働き方に転換することや，管理職の職場マネジメントの改革が必要となる。社員一人一人が時間意識の高い働き方に転換することと，管理職の職場マネジメントの改革とは相互に関係する。時間意識の高い働き方とは，管理職だけでなく社員1人1人が「時間」を有限な経営資源と捉えて仕事に取り組むこと，つまり高い「時間意識」を持つことである。

　「時間制約」のないワーク・ワーク社員が多い時代にできあがった仕事管理・時間管理は，安易なものとなりがちであった。仕事が終わらないときは残業で対処すれば良いとする安易な残業依存体質がもたらされたのである。その結果，無駄な業務の削減，仕事の優先付け，過剰品質の解消などを考慮せずに，「仕事総量」を所与としてすべての業務が完了するまで労働サービスを投入し続けるような働き方が行われてきた。時間を「有限」な経営資源と考える意識を欠いたことで，時間を効率的に活用する考えが弱かったのである。質の高い仕事が生み出されていても，無駄な仕事や過剰品質もあり，全体としての時間あたり生産性は低くなる事態が生じることになった。

　「時間制約」のあるワーク・ライフ社員を前提とした仕事管理・時間管理とするためには，「時間総量」を所与とし，その時間で最大の付加価値を生み出すことが求められる。時間を「有限」な経営資源と捉え，その時間を効率的に利用する高い時間意識を職場成員の間に定着させるのである。また，働き方改

92

革では，情報共有と仕事の「見える化」の取り組みも必要となる。時間制約の
ない社員が多数を占める時代とは異なり，時間制約のある社員が主となると，
職場成員の全員が同じ場所や同じ時間帯で仕事ができなくなることによる。こ
うした結果，職場成員間での情報共有や仕事の「見える化」が不可欠となる。

　上記のような働き方改革の成否は，職場の管理職のマネジメントにかかって
いる。管理職が，時間制約を前提とした仕事管理・時間管理を行うためには，
まず管理職自身が時間制約を自覚することが必要となる。しかし現在の管理職
には，これまで時間制約を意識せずに仕事をしてきた者が多いという課題があ
る。「仕事中心の価値観」を持っているだけでなく，そうした価値観を望まし
いと考えている管理職が少なくないことによる。

　こうした仕事中心の価値観を変え，管理職自身が自分のワーク・ライフ・バ
ランス（WLB）を大事にすることが，働き方改革の出発点となる。管理職自
身が，WLBを実現できる職場作りを，自分自身の課題として理解する方法の
一つとして，仕事と介護の両立を考えることが有効になろう[13]。これまで時間
制約を感じることなく仕事中心の生活をしてきた管理職も，今後は仕事と親の
介護の両立の課題に直面する可能性が高く，自分自身にも時間制約が生じる可
能性が高いことによる。つまり，働き方改革は，管理職自身のWLB実現にとっ
ても不可欠な取り組みなのである。

⑶　企業による管理職への支援が必要

　管理職が働き方改革を担えることができるように企業として支援することも
重要である。しかし，管理職の現状の働き方をみると，長時間労働などで働き
方改革に時間を割けない状況にあることがわかる。この点を管理職に関する調
査でみてみよう。企業活力研究所の人材研究会が行った，大卒以上の営業職
（販売職を除く）の管理職に対する調査によると以下の点が明らかにされて
いる[14]。

　管理職は，コンプライアンス対応や付加価値の高い仕事が求められるなど，
担うべき業務が増加し労働時間が長くなっている。こうした長時間労働の背景
には，管理職が担うべき業務の増加だけでなく，部下が担当すると同じ仕事，

いわゆるプレイング業務の増加もある。管理職が，仕事時間全体の中でプレイング業務に割いている時間の割合をみると，20％以下は33.3％に過ぎず，51％以上が25.5％，21％から50％が41.3％にもなる。プレイング業務が多くなる理由では，業務量が多いこととメンバーの力量不足が主たるものとなる。メンバーの力量不足が上位に指摘されているのは，管理職が，部下育成に時間を割けないことが背景にあろう。

　上記の調査では，管理職として担うべき業務を12項目（例えば「部下の将来のキャリアを見据えて指導・育成する」等）をあげ，それぞれの取り組み状況を4段階で尋ねている。その4段階の回答結果に関して「取り組んでいる」（2点），「まあ取り組んでいる」（1点），「あまり取り組んでいない」(-1点)，「取り組んでいない」(-2点）とし，12の選択肢の合計得点（＋24点から−24点）を算出し，合計得点の分布を踏まえて，おおよそ8項目が2点を上回る17点以上を「管理職の役割が担えている者」としている。その結果によると，「管理職の役割を担えている者」は全体の32.0％と3分の1ほどでしかない。

　管理職の役割を担えている者（合計得点17点以上）と管理職の役割を担えていない者（合計得点16点以下）を比較すると，以下の点が明らかになった。

　第1に，週の実労働時間が長くなるとプレイング業務が増えることになり，プレイング業務が増えると管理職としての役割を担えている者が減少する。

　第2に，プレイング業務の割合が多い管理職では，管理職として担うべき役割ができていない状況が確認できる（図表4-5）。つまり，管理職が働き方改革を担うためには，管理職の働き方を見直し，管理職としての役割が担えるようにする必要があることがわかる。そのためには企業の支援が必要となるが，その支援は十分でない。管理職自身が，管理職としての役割を遂行するために会社に求めていることのなかで，企業が実際に行っている支援はきわめて少ない現実がある。例えば，「不要な管理業務の見直し」，「無駄な会議・打合せの廃止等による業務の見直し」，「経営トップ主導による全社的な組織・業務の見直し」，「管理職に対し，仕事上の判断に対する権限を十分に付与する」，「管理職の部下育成を適切に評価」するなどが，管理職が求めている支援に比較して，企業による支援の実施率が低い。このほか，「シニア層の活用等，管理職の管

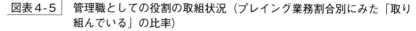

図表4-5　管理職としての役割の取組状況（プレイング業務割合別にみた「取り組んでいる」の比率）

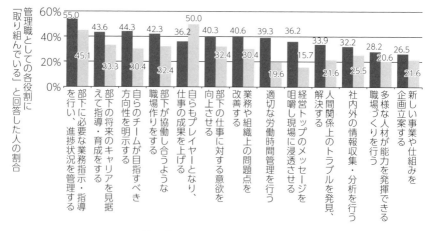

出所：企業活力研究所『働き方改革に向けたミドルマネージャーの役割と将来像に関する調査研究報告書』（2017年）

理業務を支援する仕組みを整備する」，「管理職登用前にマネジメント経験を積む機会を設ける」，「在宅勤務などITを活用した業務効率化を推進する」なども支援の要望と現状の実施率の差が大きい。

⑷　管理職の意識改革と職場風土

　管理職の意識改革の重要性に関して，時間をかけた働き方を評価する職場風土との関係から説明したい。管理職が時間をかけた働き方を評価していると，部下はその評価基準にあわせる行動をとりがちになり，そのことは，時間をかけた働き方を評価する職場風土の持続につながるのである。

　図表4-6は，担当職の正社員が残業することを，自分の上司がプラスにみているのか，マイナスにみているか別に，担当職の労働時間を調べたものである。同図によると，自分が残業することを自分の上司がプラスにしていると自

図表4-6　正社員の労働時間別（１日当たり）にみた「上司が残業している部下に関して抱いているイメージ」

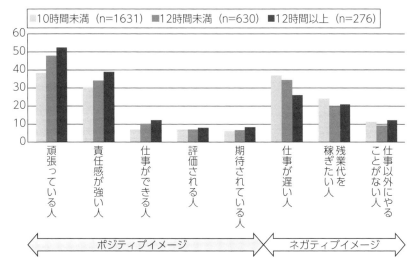

注：規模30人以上の企業に雇用される20歳から59歳の男女正社員
出所：内閣府『ワーク・ライフ・バランスに関する意識調査』（2013年）

己評価している担当職の実労働時間は，マイナスに評価していると自己評価している担当職よりも長くなっている。担当職は，当然のことであるが，上司にプラスに評価される職務行動を選択することになりやすいことによる。つまり，管理職が，部下が残業することをプラスに評価していると，部下の職務行動もそれに影響されて残業を評価する職場風土が持続することになるのである。さらに重要な点は，企業として働き方改革を推進するために，例えば，担当職の人事評価項目に働き方改革に関係する評価要素を組み込んでも，その評価項目で管理職が部下を評価するとは限らないことである。この点，やや古い調査でありかつその内容が，働き方改革ではなく，担当職の人事評価項目に組み込まれている要素に関して対をなす項目（例えば，成果重視と取り組む重視など）を提示し，企業の考え方と課長の評価の基準を比較した研究であるが，企業の考え方と管理職の評価基準の乖離が確認されている（佐藤，2012の第４章参

照）。同じ企業でも管理職の部下評価で重視する要素が大きく分散していることが確認できる。つまり，企業が社員の働き方に期待する評価項目に従って，職場の管理職は部下の職務行動を評価しているとは限らないのである。さらに，ある大手製造業における課長による部下の主任クラスの社員の人事考課と残業時間の関係を調べたものが図表4-7である。この結果の解釈は，二つあろう。一つは，A評価の主任は，B+評価の主任よりも仕事ができるが，その仕事のできるA評価の主任に仕事が集中するため，A評価の主任の労働時間が長くなっているとの解釈である。もう一つは，A評価の主任の仕事ぶりは，B+評価の主任と同程度であり，本来ならばB+評価で良いが，管理職からみて使い勝手がよいので，例えば残業してでも仕事に対応してくれるので，A評価になっているとの解釈である。このデータを作成した同社の人事担当者は，自社では残業することを評価する職場風土が根強いことを考えると，後者の解釈が正しい可能性が高いと説明していた。

　上記を踏まえると，企業として，働き方改革を進める上では，管理職が残業する部下をプラスに評価する考え方を解消することが不可欠となることがわか

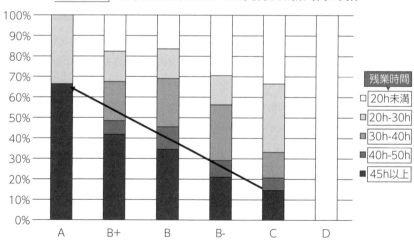

図表4-7　大手製造企業における人事評価と残業時間の関係

注：事務技術職（主任担当，2016年）
出所：同社内部資料による

る。この問題の解消が働き方改革で重要なのは，現在の管理職は時間をかけた働き方を評価し，管理職に登用された者がまだかなりの比重を占めることによる。この課題を解消するためには，管理職の評価基準に働き方改革の要素を組み込むことに加えたり，管理職に対して評価者訓練を定期的に実施したり，さらには，管理職が自分のワーク・ライフ・バランスを大事にする行動を支援することなどが考えられる。

　さらに，管理職を含めて，ワーク・ライフ・バランスを大事にする「ワーク・ライフ社員」を増やしていくためには，企業として望ましいとする社員像を再定義することである。今の仕事ができるだけでなく，仕事以外にも大事なことがある社員が，将来も継続的に会社に貢献できる社員だと，「望ましい社員像」を転換することである。仕事と仕事以外の生活をマネジメントし，自分のキャリアや生活をデザインできる社員が望ましい社員だとするメッセージを発信するためには，社内報などでもそうした社員像に該当する社員を取り上げることも有効である。

　さらに，働き方改革を通じて，単なる残業時間の削減だけなく，メリハリのある働き方の実現を通じ，社員一人一人が「平日のゆとり」を確保できるようにすることが大事である。月45時間程度の残業時間を月20数時間に半減することは望ましい取り組みといえる。しかし，毎日１時間の残業でなく，残業ゼロの日を確保すること，つまり「平日のゆとり」の実現が重要なのである。仕事以外の生活の充実のためには，毎日１時間の残業でなく，残業ゼロの日と残業２時間の日の組合せの方がむしろ望ましい。「平日のゆとり」がないと，平日に仕事外の様々な活動に取り組むことができないからである。

3　管理職の登用の在り方：「ヒューマンスキル」の重視を

⑴　「ヒューマンスキル」を重視した登用を

　部下をマネジメントする管理職に担当職から昇進すると，部下マネジメントのために「ヒューマンスキル」が不可欠かつ重要になることを指摘した。それ

だけでなく，以前と比較して管理職の部下マネジメントに求められる「ヒューマンスキル」の重要性が高くなっている。その理由は，部下の属性のみならず価値観や働き方，さらには仕事以外の課題などが多様な部下をマネジメントすることが必要になっていることがある。過去に一緒に仕事をした経験がないタイプの部下をマネジメントすることに直面しており，以前の上司の部下マネジメントが，今の管理職にとってモデルにならない状況にある。そのため現在の管理職には，これまで望ましいと考えてきた部下マネジメントのあり方を捨て去り，現在の部下のあったマネジメントを修得することが必要になっている。まさに，環境変化に柔軟に対応できるために学習棄却（アンラーニング）が管理職に求められているのである。

　企業の側にも対応すべき課題がある。それは管理職の登用基準を見直すことである。これまで課長などの管理職の登用基準は，担当職としての働きぶりや成果にあったと言えよう。担当職のキャリア段階における評価によって社内等級を昇格しながら管理職登用されることによる。その結果，担当職に求められる「テクニカルスキル」の評価に基づいて，管理職候補者が管理職に登用される現状にある。言い換えれば，「テクニカルスキル」があれば，「ヒューマンスキル」が低くても管理職に登用される状況があるのである。以前は，「ヒューマンスキル」が低くても，自分と同じような考え方の一様な部下をマネジメントすれば良かったため，問題は比較的少なかったと言える。もちろん，部下に任せるべき仕事を自分が抱えることで，部下育成ができない管理職などはこれまでも人事管理の課題であった。

　管理職の登用基準の課題を，先ほど紹介した営業部門の課長を対象に実施された調査結果で取り上げよう（企業活力研究所・人材研究会，2017）。この調査は，管理職自身が課長に登用された際に評価された事項に関して自己評価してもらっている。図表 4-8 は，管理職としての役割遂行が果たせている者と果たせていない者に分けて，管理職に登用された時に評価されたと考えている評価基準を分析したものである。管理職としての役割遂行が果たせている者と果たせていない者を分ける方法は，本章の93頁と同じ方法である。同図表によると，管理職としての役割遂行が果たせている者と果たせていない者を比較す

図表4-8　管理職として登用された際の評価基準に関する自己評価と管理職としての役割遂行の程度

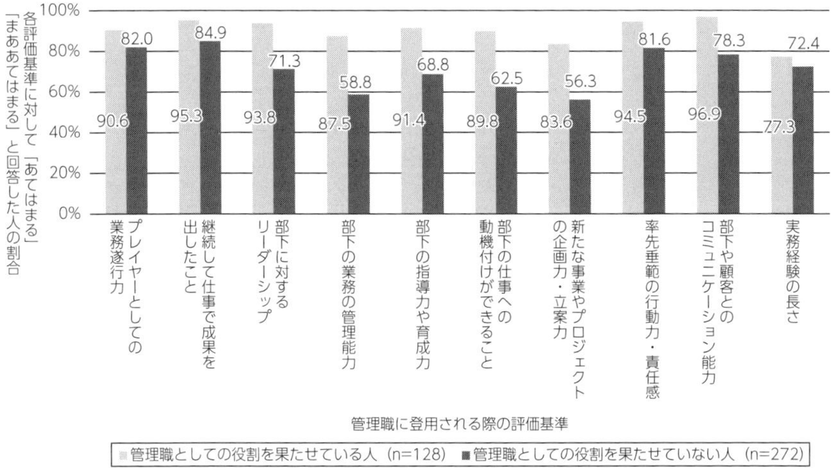

出所：企業活力研究所『働き方改革に向けたミドルマネージャーの役割と将来像に関する調査研究報告書』（2017年）

ると，両者とも管理職に登用の際に評価されたと自己評価している基準では，「プレイヤーとしての業務遂行能力」，「継続して仕事で成果を出したこと」，「率先垂範の行動力・責任感」，「実務経験の長さ」がそれぞれ高い水準にある。他方，管理職としての役割遂行が果たせている者と果たせていない者で差が大きく，かつ前者の比率が高いのは，部下マネジメントに関わる項目で，「部下に対するリーダーシップ」，「部下の指導力や育成力」，「部下の仕事への動機付け」，「部下の業務管理の力」などである。言い換えれば，管理職としての役割遂行が果たせている者に比較して，果たせていない者では，「ヒューマンスキル」に関わる基準が評価されて管理職に登用されたと自己評価するものが少なくなることがわかる。

　以前よりも高い「ヒューマンスキル」が求められる現状を踏まえると，管理職への登用では，仕事上の成果など「テクニカルスキル」だけでなく，「ヒューマンスキル」を重視する必要があると言えよう。他方で，管理職候補者の「ヒューマンスキル」を管理職登用前に確認することの難しさも存在する。な

ぜなら部下マネジメントは，管理職に登用されてのちに経験することによる。こうした課題を解決するための一つの方法として，管理職候補者には，管理職登用前に，プロジェクトリーダーなどメンバーをまとめる仕事を何度か経験させることで，「ヒューマンスキル」の獲得状況を確認する方法などが考えられる。

⑵　複線型の昇進キャリア：「テクニカルスキル」伸長を評価するキャリアを

　管理職には部下マネジメントを担うために「ヒューマンスキル」が不可欠であるにもかかわらず，「テクニカルスキル」は高いが，「ヒューマンスキル」が低い者も管理職に登用されてきた現状がある。その理由として，単線型の昇進キャリアのみで，同時に昇進機会の提供が社員の仕事意欲を左右する報酬としての役割を果たしてきたことがある。つまり，「ヒューマンスキル」が低くても「テクニカルスキル」が高く仕事上の成果を出した者に関しては，仕事意欲を維持するための報酬として管理職への登用を行わざるを得なかったのである。したがって今後，管理職登用に際して「ヒューマンスキル」を重視した管理職の選抜方法に転換すると，従来の基準で登用された者が管理職に登用されない事態が生じることになろう。しかしそうした状況になっても，従来どおり「ヒューマンスキル」が低くても「テクニカルスキル」が高く，仕事上の成果を出した者の仕事意欲を維持するためには，従来の単線的な昇進キャリアを複線化することが必要になろう。つまり，「ヒューマンスキル」が低くても「テクニカルスキル」が高ければ，それを評価し，昇進できるキャリアを用意する訳である。従来の管理職と専門職の複線型キャリアが機能しなかった理由は，管理職に昇進できなかった者が専門職に登用される現状があったことがある。こうした問題を解決するためには，「ヒューマンスキル」が必要な部下マネジメントを担う管理職キャリアと，「テクニカルスキル」が高いプレイヤー職を社内資格上，同等に扱うことが重要になる。

POINTS────

◆　部下マネジメントを担う管理職には，「テクニカルスキル」に加えて「ヒューマンスキル」が求められる。部下の属性，働き方，価値観さらに仕事以外の課題も異なる多様な部下の意欲を維持向上していくためには，従来以上に，管理職に求められる「ヒューマンスキル」を高度化する必要がある。

◆　多様な部下の能力開発では，部下の特定の属性などの「確率的」あるいは「平均的」な行動特性に基づいて判断するのではなく，部下一人一人の保有能力や能力伸長の可能性，さらには仕事やキャリアの希望を踏まえて個別に行うことが重要になる。

◆　働き方改革では，単なる残業削減でなく，部下の時間意識を高めて，安易な残業依存体質を解消することが大事になる。そのためには，「時間資源」を有限ととらえて，部下の時間管理・仕事管理を改革することが求められる。その結果として，時間制約のある多様な社員が活躍できる職場となる。

◆　多様な部下をマネジメントできる高い「ヒューマンスキル」を保有した管理職を増やすためには，管理職の登用基準を変更し，「テクニカルスキル」だけでなく，「ヒューマンスキル」を評価基準に含めることが大事になる。同時に，「ヒューマンスキル」が低くても「テクニカルスキル」が高い社員の仕事意欲を維持するために，複線型の昇進キャリアの整備が必要である。

|注
1　本章の内容に深く関係する本シリーズの『管理職の役割』を参照されたい。
2　金井（1993），Koontz（1980）など参照されたい。
3　Robbinsなど（2013）による。
4　Katz（1974）は，マネジャーに求められる能力としてこの3つのスキルを上げ，Robbinsなど（2013）は，この3つスキルに4つめのスキルとして「ポリティカルスキル」（権力基盤を構築し，しっかりとした人脈を作り上げる能力）を加えている。Katz（1974）は，マネジメントの階層によって3つのスキルの求められる割合が異なり，上位階層になるほど「コンセプチュアルスキル」の割合が高く，逆に「テクニカルスキル」の割合が低くなるしている。

5　労働施策総合推進法の改正（2020年6月施行）によってパワーハラスメント対策が企業
の措置義務となった。同法の指針によると，職場におけるパワーハラスメントとは，優越
的な関係を背景とした言動，業務上必要かつ相当な範囲を超えたもの，労働者の就業環境
が害されるものの，3つの条件のすべてがそろったもので，パワーハラスメントの行為類
型として，①身体的な攻撃（暴行・傷害），②精神的な攻撃（脅迫・名誉棄損・侮辱・ひ
どい暴言），③人間関係からの切り離し（隔離・仲間外し・無視），④過大な要求（業務上
明らかに不要なことや遂行不可能なことの強制・仕事の妨害），⑤過小な要求（業務上の
合理性なく能力や経験とかけ離れた程度の低い仕事を命じることや仕事を与えないこと），
⑥個の侵害（私的なことに過度に立ち入ること）の6つが代表的なものとされている。
6　松尾（2017a）は，管理職に関する研究ではないが，新人の経験から学ぶ能力を伸ばす
ことができている優れたOJT担当者は，「目標のストレッチ」，「進捗のモニタリング」，「内
省の支援」，「ポジティブ・フィードバックの提供」を行っていることを明らかにしている。
本章では，適切な「目標のストレッチ」を重視して説明している。
7　部下育成に貢献する仕事を開発する方法に関しては，松尾（2017b）が参考になる。
8　企業の人材マネジメントにおけるアンコンシャス・バイアスを巡る課題に関して，リク
ルートワークス研究所の機関紙『Works』（特集「組織を蝕む　無意識のバイアス」（No.150,
Oct-Nov., 2018）がわかりやすく整理している。
9　初版は1947年刊行である。
10　この他にフレーミング効果などがある（Bazerman & Moore 2009）。「ヒューリスティッ
ク」に関しては，行動経済学の視点からであるが大竹（2019）にわかりやすい説明がある。
11　調査結果の詳細は，中央大学大学院戦略経営研究科ワーク・ライフ・バランス&多様性
推進・研究プロジェクト（2018a, b）を参照されたい。また，同調査に基づいた部下の勤
務時間（フルタイム勤務か短時間勤務）別に見た管理職の部下マネジメントの関する分析
として坂爪・高村（2018）がある。
12　以下は，佐藤（2018）と重なる部分がある，
13　詳しくは佐藤・矢島（2018）を参照されたい。
14　企業活力研究所・人材研究会（2017）を参照されたい。

| 参考文献
今野浩一郎・佐藤博樹（2020）『人事管理入門（第3版）』日本経済新聞出版社.
大竹文雄（2019）『行動経済学の使い方』岩波書店.
金井壽宏（1993）『ニューウェーブ・マネジメント―思索する経営』創元社.
企業活力研究所・人材研究会（2017）『働き方改革に向けたミドルマネージャーの役割と将
　来像に関する調査研究報告書』.
坂爪洋美・高村　静（2018）「勤務時間の違いによる管理職の部下育成行動の違い―営業部
　門の短時間勤務者とフルタイム勤務者との比較から―」『生涯学習とキャリアデザイン研
　究』Vol.16-1, pp.29-46.
佐藤博樹（2012）『人材活用進化論』日本経済新聞出版社.
佐藤博樹（2018）「真の働き方改革とは―カギを握る多様性」玄田有史編『30代の働く地図』
　岩波書店.

佐藤博樹・武石恵美子（2010）『職場のワーク・ライフ・バランス』日本経済新聞出版社.

佐藤博樹・矢島洋子（2018）『新訂・介護離職から社員を守る―ワーク・ライフ・バランスの新課題』労働調査会.

高村　静（2017）「男女若手正社員の昇進意欲―持続と変化」佐藤博樹・武石恵美子編著『ダイバーシティ経営と人材活用―多様な働き方を支援する企業の取り組み』東京大学出版会.

中央大学大学院戦略経営研究科ワーク・ライフ・バランス＆多様性推進・研究プロジェクト（2018a）『職場における男女正社員の育成に関する管理職調査：研究の概要とアンケート調査結果』http://c-faculty.chuo-u.ac.jp/~wlb/material/pdf/manager_surv.pdf.

中央大学大学院戦略経営研究科ワーク・ライフ・バランス＆多様性推進・研究プロジェクト（2018b）『提言　女性部下の育成を担う管理職に関して企業に求められる対応』及び『女性部下の育成を担う管理職に関して企業に求められる対応：提言に関する付属資料』http://c-faculty.chuo-u.ac.jp/~wlb/material/pdf/sales_manager2018appendix.pdf.

松丘啓司（2018）『1on1マネジメント』ファーストプレス.

松尾　睦（2017a）「OJTとマネジャーによる育成行動」中原淳編『人材開発大全』東京大学出版会.

松尾　睦（2017b）「将来の管理職を育てる「仕事の任せ方」」『日本政策金融公庫調査月報』104号.

若者の就職・転職の在り方に関する研究会（2018）『若者にとって望ましい初期キャリアとは』全国求人情報協会.

Bazerman, M.H. and Moore,D.A.（2009）*Judgement in Managerial Decision Making. 7ed*, John Wiley & Sons,Inc.（長瀬勝彦訳『行動意思決定論―バイアスの罠』白桃書房，2011）.

Eden, D.（1984）"Self-Fulfilling Prophecy as a Management Tool: Harnessing Pygmalion", *Academy of Management Review*, 9(1), pp.64-73.

Katz,R.L.（1974）"Skills of an Effective Administrator", *Harvard Business Review*, Vol.52, No.5 pp.90-102

Koontz, H.（1980）"The Management Theory Jungle Revisited", *Academy of Management Review*, 5(2), pp.175-187.

Livingston, J.S.（1967）"Pygmalion in Management", *Harvard Business Review*. 1969, 47(4), 81–89. DIAMONDハーバード・ビジネス・レビュー訳（2002）「マネジャーの期待と信頼が人を育てる」ハーバードビジネスレビュー編『人材マネジメント』ダイヤモンド社.

Merton, R.K.（1949）*Social Theory and Social Structure: Toward the Codification of Theory and Research*, Free Press,（森東吾・森好夫・金沢実・中島竜太郎訳『社会理論と社会構造』みすず書房，1961）

Robbins, S.P. and Coulter,M.A. and De Cenzo, D. A.（2013）*Fundamentals of Management 8th ed.*, Pearson Education, Inc.,（髙木晴夫監訳『マネジメント入門―グローバル経営のための理論と実践』ダイヤモンド社，2014）.

Rosenthal, R. and Jacobson, L.（1968）, Pygmalion in the Classroom, Holt Rinehart & Winston.

Simon, H.A.（1997）, *Administrative Behavior* 4th Edition, Free Press（二村敏子ほか訳『新版　経営行動―経営組織における意思決定過程の研究』ダイヤモンド社，2009）.

第 5 章

勤務場所の柔軟化：
在宅勤務などテレワーク

　多様な人材が活躍できるダイバーシティ経営と社員のワーク・ライフ・バランスを実現するためには，労働時間面での働き方改革に加えて，勤務場所の柔軟化が有効である。情報通信技術の発展によって「通信」が「人の移動」を代替することで，幅広い仕事でのテレワーク[1]を可能とし，就業場所の自由度と柔軟性を高めつつある。テレワークは，勤務場所のあり方を柔軟化するだけでなく，同時に仕事を特定の時間に行う時間的な面での制約を解消する可能性がある。つまり，特定の場所で，決められた時間に仕事をするのではなく，どこでもいつでも仕事をできることになる可能性がある。

　本章では，勤務場所の柔軟化に焦点を当てるが，勤務場所の柔軟化と勤務時間の柔軟化は相互に関係するため，勤務時間の柔軟化にも必要に応じて言及することになる。

　在宅勤務などテレワークを導入する際の障害では，マネジメント要因が大きく，とりわけ管理職の抵抗が指摘されている。テレワークでは，管理職が，部下の働きぶりを直接管理できず，部下の働きぶりに不安を抱くことなどが導入の障害となっている。この点は，管理職自身が在宅勤務などテレワークを経験することで，解消できることが明らかにされている。さらに，テレワークの導入が，通常勤務の働き方改革にプラスの影響を及ぼすことも知られている。

1 ワーク・ライフ・バランスと勤務場所の柔軟化

(1) 雇用社会化と勤務場所・勤務時間の変化

産業化によって「雇用社会」が到来したことで，企業に雇用されて生活の糧を得る雇用者が増加した。さらに生産が大規模化して工場生産がはじまると，それまでの働き方に大きく2つの変化がもたらされた。一つは，生活の場と就業の場の分離，つまり職住分離である。もう一つは同じ時間帯に一斉に仕事を行う勤務時間の「同期化」である。前者の職住分離の結果，住居から仕事の場である工場などへの「通勤」が一般化した。工場に多くの労働者を集めて生産を一斉に行う工場生産では，広域から労働者を集めるために職住の分離が不可避となった。生産の「同期化」のために，工場では労働者が同じ時間帯に一斉に仕事をすることになった[2]。工場では雇用者の働く時間の「同期化」が生産管理上不可避なことによる。

他方，農業や自営業を想定すると，職住が一致し通勤はなかった。また，家族従業者を含めて雇用者がいたとしても，同居か近居であった。就業する時間帯も，農業が典型的であるが，季節や天候など太陽の動きに依存するものであった[3]（太陰暦と不定時報）。現代でも植木職人などでは，日の出や日の入りによって就業する時間帯が変わる働き方をしている者も多い。

こうした職住分離と労働する時間の同期化は，通勤時間と労働時間が労働者の生活時間のあり方を規定することになった。職住分離によって労働者には通勤が必要となり[4]，通勤時間が長くなると，労働時間以外の生活時間を圧迫することになった[5]。もちろん通勤には，居住地を自由に選択できるというプラスの面があることも指摘しておきたい[6]。

工場生産など労働する時間の「同期化」は，出退勤時刻が生活時間配分を規定することにもなった。装置産業など設備の稼働率を高く維持することが必要な業種では，3交代勤務などが導入され，早朝勤務や深夜勤務が誕生した。また，サービス経済化や生活の24時間化によって，対個人サービス業では土曜や

日曜の週末勤務や深夜勤務など従来とは異なる勤務時間帯で働く人が増えることにもなった。こうした時間帯での働き方を「非社会的労働時間」(work unsocial hours) と呼び，これは労働時間の長さだけでなく，働く時間帯を重要視する視点である[7]。

　以上のように職住分離による生活の場と仕事の場の分離，労働時間の「同期化」，さらに「非社会的労働時間」の拡大は，働く人々の仕事や生活のあり方や質に大きく影響することになった。具体的には，日本の大都市圏では持ち家などのため長時間通勤者が増加しただけでなく，固定的な勤務時間帯のため通勤時の交通機関の混雑がひどくなり，さらには生活の24時間化のための週末勤務や深夜勤務も増え，働く人々の生活の質を大きく左右することになった。労働時間の長さだけでなく，固定的な勤務時間によって出退勤時刻を選択できないことが，生活の質であるワーク・ライフ・バランスを左右することにもなった。例えば，残業時間の長さだけでなく，帰宅時刻が20時を過ぎると，子供と夕食を共にすることが難しくなるなど，労働時間のあり方は，家族の生活のあり方にも影響することによる（父親不在の生活など）[8]。

　他方で，職住分離による長時間通勤や勤務時間帯の固定化による様々な課題の解決につながるのが，勤務時間や勤務場所の柔軟化である。例えば，勤務場所の柔軟化の一つである在宅勤務は，職住分離を解消し，職住一致が実現でき，在宅勤務を選択した勤務日は，通勤を不要とする。

　本章では，勤務場所の柔軟化を主に取り上げるが，勤務場所の柔軟化に貢献するテレワークは，同時に特定の時間に仕事をする制約を解消する可能性もある。つまり，特定の場所で，決められた時間に仕事をするのでなく，どこでもいつでも仕事ができるようになろう。したがって，勤務場所の柔軟化に焦点を当てて議論するが，勤務場所の柔軟化は，同時に勤務時間の柔軟化と密接に関係するため，後者に関しても必要に応じで言及する。

　なお，勤務場所や勤務時間の柔軟化は，産業や職種に左右される面が大きいことに留意する必要がある。製造業の生産現場や飲食業など対個人サービス業では，多様な勤務時間を組み合わせることで，勤務時間の柔軟化をある程度まで実現できるが，勤務場所の柔軟化は困難であることが多い。生産現場では，

機械設備によって就業場所が固定化され，飲食業などでは顧客が必要とする時に，顧客に対して対面でサービスを提供する必要が多いことによる。

⑵　勤務場所の柔軟化：テレワークとしての在宅勤務，サテライトオフィス，リモートオフィス

　生活の場と仕事の場が分離した職住分離の働き方は，就業者が固定的な勤務場所まで通勤して出勤し，労働サービスを提供するものであった。最近は，情報通信技術の発展により，固定的な勤務場所へ通勤して出社しなくても，仕事の進捗や生活の必要に応じて，多様な勤務場所を選択することが可能となりつつある。情報通信技術が，通勤という「移動」を代替できるようになったことによる。「通信」による「移動」の代替である。

　情報通信技術を活用した勤務場所の柔軟化には，①自宅で仕事を行う「在宅勤務」，②通常の勤務場所以外での就業を可能とする「サテライトオフィス」あるいは「リモートオフィス」，③就業者が自由に勤務場所を選べる「モバイルワーク」などがある。本章では，この3つの勤務場所の柔軟化を「テレワーク」と総称する。在宅「勤務」の用語からもわかるように，本章で取り上げるのは雇用者のテレワークである。そのため，雇用者以外のフリーランスなどのテレワークは取り上げない。

　サテライトオフィスには，勤務先企業が独自に設けているもの（支店の一部をサテライトオフィスとして利用できるようにしている場合もある）と，複数の企業の社員が利用できるサテライトオフィスをビジネスとして提供しているものも多い。こうしたサテライトオフィスは，シェアオフィスと呼ばれることが多い。シェアオフィスの中でも，利用者間の連携や交流を促す機能や空間などを設けたオフィスが「コワーキングスペース」である。「コワーキングスペース」は，単なるサテライトオフィスではなく，異なる業種の企業の社員が同じ場所で交流することを通じて，新しい事業やアイディアなどの創出に繋げる機能が期待されている。

　さらに，サテライトオフィスの中でも，リゾート地に設置されたものがリゾートオフィスである。リゾートに設けられたオフィスにおいて，日常生活と

は異なる空間で仕事をすることや，開放感のあるリゾートで休暇も同時に楽しむことで，生活や仕事の質を高め，さらには新しい発想の実現に繋げようという意図が背景にある。こうしたリゾートオフィスでの生活に関して，仕事（work）と休暇（vacation）を組み合わせた造語として「ワーケーション」も使われている。

　働き手の視点で見ると，テレワークの3つの類型のうちの一つを単独で利用するだけでなく，それぞれを組み合わせて利用することも多い。例えば，午前の取引先への訪問に関する営業報告書をカフェで作成し（モバイルワーク），それをメールで上司に送り，午後の取引先への訪問の前に，勤務先が契約しているサテライトオフィスに立ち寄り営業資料を作成するなどの仕事の仕方である。

　テレワークによる勤務場所の柔軟化の可能性が，就業者の生活や働き方の質向上につながるためには，情報通信技術の整備・活用だけでなく，それ以外の環境整備も必要となる。環境要因のうち管理職と部下などのマネジメント要因は後に取り上げるが，それ以外では下記などがある。例えば，社内資料のデジタル化や，社内外での決済や契約における捺印の廃止，電子化や，さらに受発注などFAXでの情報のやりとりを含めた紙情報の廃止などが必要となる。また，在宅勤務では，自宅のWi-Fi環境や仕事スペースの確保なども必要となる。在宅勤務の頻度や時間を増やすためには，勤務先と同水準の作業空間として仕事に適したデスクや椅子などが必要となる。大都市の住宅を想定すると，結婚して子供がいる世帯では，子供の勉強部屋があって，両親の仕事部屋がある家庭は少ない現状がある。

⑶　テレワークに関する2つの見方：プラスの効果とマイナスの効果

①　プラスの効果

　雇用者のワーク・ライフ・バランスや働き方に関するテレワークのプラスの効果から紹介しよう。テレワークによる働き方が，従来の働き方と異なるのは，働く場所が特定の場所に限定されないことにある。通信が移動を代替することで，在宅勤務では通勤せずに自宅で勤務することが可能になる。都市部では通

勤時間が長い雇用者が少なくないが，在宅勤務が選択できると通勤時間がなくなり，仕事以外の生活に使える時間が増える。NHK放送文化研究所の「生活時間調査」（2015）によると，通勤をしている雇用者の平日の往復の通勤時間の平均は，男性が1時間27分，女性が1時間8分である。女性の通勤時間が男性に比べて短い理由は，男性に比べて女性は仕事と家庭の両立のためにパートタイム勤務が多く，さらに通勤圏が狭い可能性がある。また，東京圏は1時間27分と往復の通勤時間は長くなる（関根・渡辺・林田，2016；NHK放送文化研究所編，2011）。上記は通勤している雇用者の平均通勤時間であるため，通勤時間の分布では往復2時間以上の者も少なくない。こうした長時間通勤の雇用者にとっては，テレワークによる在宅勤務は，仕事以外の生活時間を増やすことでき，ワーク・ライフ・バランスに貢献することになる。さらに，在宅勤務に加えて労働時間の柔軟化が同時に可能となると，例えば，在宅勤務中に「中抜け」して保育園への送り迎えすることなどが可能となり，仕事と生活の両立の円滑化により貢献することになる。

　在宅勤務の利用範囲が広がると，仕事と子育ての両立のために短時間勤務を活用している雇用者が通常のフルタイム勤務に早く戻り，フルタイム勤務で仕事と子育ての両立が可能となろう。育児・介護休業法では子が3歳になるまで6時間の短時間勤務が法定されているが，8時間勤務を想定すると，たとえば6時間勤務の短時間勤務では午前10時出社で午後5時退社となる。もし通勤時間が片道1時間とすると，6時間の短時間勤務でも午前9時前に自宅をでて，午後6時過ぎに帰宅することになる。もし在宅勤務が可能になると，通勤時間がなくなることで，午前9時から午後6時までの8時間勤務が可能となる。このように在宅勤務を活用することで，短時間勤務を長期に利用せずにフルタイム勤務に早く復帰できる可能性が高くなることがわかる。

　さらにテレワークが定着すると，通勤だけでなく出張を通信で代替できる可能性がある。子育て中の雇用者などの活躍の場が広がる可能性がある。例えば，「子育て中の社員は，出張のある仕事は難しい」とこれまでは考えられていたが，こうした状況が変わることになろう。

　テレワークの中でもサテライトオフィスやモバイルワークは，取引先などの

外回りの仕事が多い営業職の仕事の仕方を変えつつある。従来，営業職では，複数の取引先との商談を済ませた後，夕方に事務所に戻り，それから営業報告書などを作成する仕事の進め方が少なくなかった。商談と商談の間に空き時間があっても，その時間を活用して営業報告書を作成することは難しかったのである。そのため，帰社後に営業報告書の作成に取り組むことになり，それが残業時間を増やす事態を生んでいた。テレワークを活用することで，商談と商談の間の空き時間を，サテライトオフィスやモバイルワークではカフェで，営業報告書を作成したり次の訪問先のための資料を準備したりすることに活用できる。つまり，所定労働時間内の空き時間を有効に活用することで，残業削減にも貢献できる可能性がある。さらに，商談のための訪問先へ訪問をテレワークに置き換えることで，移動時間を仕事時間に転換することも実現できよう。

　以上のように，テレワークは，企業経営へのプラスの効果の面では，雇用者のワーク・ライフ・バランスの向上を通じて社員の定着率向上に貢献するだけでなく，多様な人材の活用や労働時間活用の効率化によって生産性向上，さらには通勤費や出張費の削減やオフィス・スペースの削減などにも貢献できる可能性がある。

②　マイナスの効果

　テレワークが仕事や生活の質にマイナスの影響を及ぼすとの指摘は，仕事と仕事以外の生活を分離する「職場」という物理的な壁がなくなることで，仕事が仕事以外の生活に浸透したり仕事以外の生活が仕事に浸透したりすることに起因する課題である。勤務先から退社すると物理的に仕事ができないので，仕事が仕事以外の生活に浸食する事態は生じないが，その物理的な壁がなくなることで浸透が起きやすくなる。仕事と仕事以外の生活の境界として物理的な壁がなくなることで，仕事と仕事以外の生活が相互に浸透し，曖昧になることで，24時間仕事のような状態に陥る可能性も否定できない[9]。

　さらに，外勤の営業職の事例で紹介した所定労働時間内における空き時間に仕事ができるようになることを，時間の有効活用とプラスに捉えるのでなく，逆にその空き時間の解消は，労働密度を高めることにつながるとする見方もあ

る。確かに長時間労働の職場で，所定労働時間内の空き時間がなくなることは，労働密度を高めることにもなろう。しかし，空き時間の活用が所定外労働時間の削減につながれば，マイナスの影響が軽減される可能性もある。

　以上によると，テレワークの雇用者の仕事や生活の質に対するプラスとマイナスの影響は，テレワーク自体がもたらすものだけでなく，活用の仕方にもあると言えよう。言い換えれば，マイナスの影響を抑えて，プラスの影響を主に活用できるようにすることが大事になろう。この点は，経営のマネジメントの観点からあとで取り上げる。

⑷　実証研究によるテレワークの影響：生産性やワーク・ライフ・バランス

　テレワークの効果は，実証研究によると，企業経営の視点でも働く人の視点でも多様なものであることがわかる[10]。ここでは海外の研究を紹介した佐藤（2020）の一部を紹介しておこう。この論文は，テレワークの効果を①感染症拡大の抑制，②生産性へ影響，③ワーク・ライフ・バランスへの影響の3点に関して先行研究を幅広くレビューし，それぞれ興味深い事実を提示している。なお，それぞれの論点の詳細は，レビュー論文で取り上げている各論文を参照されたい[11]。

　第1に，感染症（インフルエンザなど）への効果では，①テレワークが感染症の拡大を抑制する効果がある，②感染のピークを後倒しできる，③働き方としてテレワークの選択肢がある社員は勤務日数の削減が少なく，そのことで感染症による経済低下を緩和できることなどを紹介している。

　第2に，テレワークの生産性への効果では，①定型的な作業と創造的な作業を比較すると，創造的な作業ではテレワークによって生産性が上昇する，②テレワークでは，休憩や病休の減少によって勤務時間が増加し，快適な作業環境によって仕事が効率化し，生産性が増加している，③チームワークが必要な仕事では，テレワークが望ましいわけではない，④他の従業員や顧客との接点が少なくなり，孤立を招くことで生産性を低下させるリスクがある，⑤同僚とのコミュニケーションが創造性と相関することから，テレワークではオンライン会合などにより，コミュニケーションの維持が重要になる，⑥前記⑤の点から

は勤務時間の一部をテレワークとすることが生産性には有効となる，⑦家庭で仕事に集中するためには，個々人の仕事のマネジメントや上司の適切な勤怠管理などが大事なことなどを紹介している。このようにテレワークが生産性に貢献する場合とそうでない場合があることがわかる。

　第3に，ワーク・ライフ・バランスへの影響では，①テレワーカーは短い勤務時間で仕事以外の生活に割ける時間が多くなるだけでなく，勤務時間帯も柔軟にできる，②在宅勤務では仕事以外への対応が求められることが多く，勤務時間が柔軟に調整できることで，逆に仕事と個人生活の境界線が曖昧になる，③働きすぎることで，社員の健康や社員の家族との関係を損ねるリスクがある，④テレワークで家庭にいることで家事や育児への期待が高まり，勤務時間が浸食され，仕事に集中できずに生産性が低下する，⑤テレワークにより，男性では仕事満足度が高まるが，女性は仕事と仕事以外の両立に悩んでおり，幸福度の向上は確認できないことなどが指摘されている。上記の⑤の背景には，家事や育児の男女の負担の偏りがテレワークでも解消されないことがあろう。つまり，テレワークがワーク・ライフ・バランスの向上に貢献するためには，仕事と仕事外の境界のマネジメントや家庭内の役割分業の見直しも必要となることがわかる。

2　テレワークの活用状況：全国調査から

　テレワークの普及は，携帯電話の普及を背景に2005年頃からといわれている。その後，企業がテレワークへの関心を高めた契機は，2009年の新型インフルエンザの流行や2011年の東日本在震災など，「事業継続計画」（BCP）の必要性である。最近では，2020年3月以降の新型コロナウイルスの感染拡大による政府の緊急事態宣言への対応から，事前準備がない状況下で，社員の在宅勤務が不可避ととなったことが，テレワークへの企業の関心を高めることになった。

　日本におけるテレワークに関して，企業等の導入状況については総務省「通信利用動向調査」が，就業者の利用状況については国交省「テレワーク人口実態調査」が利用されることが多い。いずれの調査も，2020年の新型コロナウイ

ルスによって在宅勤務の利用が拡大する前の調査であることに留意されたい。そのため，2020年春以降に実施されたテレワークに関する調査を次の３で紹介する。

　総務省「通信利用動向調査」で企業の導入状況をみると，2012年が11.5％で，2013年が9.3％と10％前後であったが，その後漸増し2017年が13.9％で，2018年が19.1％，2019年が20.2％と増加している。企業のテレワーク導入目的（2019年）をみると，「業務効率性（労働生産性）の向上」（68.3％）が１位で，これに「勤労者のワーク・ライフ・バランス向上」（46.9％）と「勤務者の移動時間の短縮・混雑回避」（46.8％）が続き，それに「障害者・高齢者，介護・育児中の社員への対応」（27.9％）と「非常時（地震，台風，大雪，新型インフルエンザなど）の事業継承に備えて」（26.0％）が続いている。後述するように，2020年の新型コロナウイルス対策のためのテレワーク，とりわけ在宅勤務の利用者の増加を考えると，これまでテレワークの活用が進展しなかったのは，技術環境の制約だけでなく，企業のマネジメントや働き手の側の要因にあった可能性が高いと言えよう。

　次に国土交通省「テレワーク人口実態調査」[12]（2019年）でテレワーカー（ICT等を活用し，普段仕事を行う事業所・仕事場とは違う場所で仕事をするもの）の比率をみると，雇用者計で14.8％を占め，年齢階層別では15歳から29歳以下は男性22.3％，女性12.3％で，30歳代は男性23.3％，女性10.7.6％で，いずれも他の年齢層より高くなる。調査対象となった雇用者のうち勤務先にテレワーク制度等があると回答した者は19.6％であった。企業規模が大きくなるとテレワーク制度等の導入率が高くなる。

　勤務先にテレワーク制度等があるとした者のうち，テレワークをしている者は49.9％で，勤務先にテレワーク制度等がないとした者のうちテレワークをしている者は6.3％であった。他方で，上述のテレワーカーの14.8％の構成をみると，そのうち勤務先にテレワーク制度等がある者が9.8％で，テレワーク制度等がない者が5.1％になる。つまり，勤務先にテレワーク制度等がないの者でもテレワークを行っている者がかなり多いことがわかる。

　図表５-１によって雇用者型のテレワーカーに，テレワークの効果に関して

プラスとマイナスを勘案して評価を求めた結果では，「全体的にプラスの効果があった」が54.7％と半数で，次に「特に効果はなかった」が39.8％で，「全体的にマイナス効果があった」は5.6％と少なかった。テレワークは，テレワーカー自身の評価ではプラスの効果が大きいといえよう。ただし，この回答を評価する際には，勤務先にテレワーク制度等があってもプラスの効果が想定できないと考えている者はテレワークを利用せず，プラスの効果があると考えた者がテレワークを利用している可能性も高いことに留意する必要がある。

　次に，同図表で勤務先における「テレワーク制度等」の有無別に「全体的にプラスの効果があった」とした者の比率をみると，「テレワーク制度等あり」では70.5％となるが，「テレワーク制度等なし」では24.1％と低くなる。おそらく勤務先における「テレワーク制度等」があると，テレワークに関してはICT環境だけでなくテレワークを前提としたマネジメントが整備されて，それが実

図表5-1 テレワークの効果の有無と内容

回答者が感じるテレワーク実施効果の有無

雇用型テレワーカー全体（n=5,312）：全体的にプラス効果があった 54.7％／特に効果はなかった 39.8％／全体的にマイナス効果があった 5.6％
うち制度等あり（n=3,502）：70.5％／23.3％／6.2％
うち制度等なし（n=1,810）：24.1％／71.6％／4.3％

《プラス効果の内容》（全体的にプラスの効果があった者：N=2,904）
- 通勤時間・移動時間が減った　53.4％（N=1,550）
- 自由に使える時間が増えた　50.6％（N=1,469）
- 業務の効率が上がった　43.5％（N=1,264）
- 家族と過ごす時間が増えた　25.3％（N=736）
- 突発的な事態（災害発生，交通機関の遅延，子供の発熱等）へ対応できた　23.2％（N=675）
- 病気や怪我でも出勤せず仕事ができた　11.9％（N=347）
- 新たな交流・人脈が生まれたり，ビジネスのヒントが得られたりした　10.7％（N=310）
- 育児・子育て，介護の時間が増えた　10.4％（N=303）
- その他　1.4％（N=41）
※複数回答あり

《マイナス効果の内容》（全体的にマイナスの効果があった者：N=296）
- 仕事時間（残業時間）が増えた　28.7％（N=85）
- 業務の効率が下がった　27.0％（N=80）
- 職場に出勤している人に迷惑をかけた　22.6％（N=67）
- 職場に出勤している人とコミュニケーションが取りづらかった　21.6％（N=64）
- 職場に出勤している人に気兼ねした　16.6％（N=49）
- 職場にいないため，疎外感・孤独感を感じた　6.8％（N=20）
- 日中自宅にいることで，ご近所の方の目が気になった　3.7％（N=11）
- その他　4.7％（N=14）
※複数回答あり

出所：国土交通省「テレワーク人口実態調査」（2019年）

行されている可能性が高いことが関係しよう。

　テレワークのプラス面として指摘されたのは，「通勤時間・移動時間が減った」（53.4％），「自由に使える時間が増えた」（50.6％），「業務効率が上がった」（43.5％）が上位3つで，これに「家族と過ごす時間が増えた」が25.3％で続いている。他方，マイナス面の指摘率は5.6％と少ないが，その内容は，「仕事時間（残業時間）が増えた」が28.7％で，「業務の効率が下がった」が27.0％，「職場に出勤している人に迷惑をかけた」が22.6％，「職場に出勤している人とコミュニケーションが取りづらかった」が21.6％などである。これらはしばしばテレワークのマイナス面として指摘される内容といえる。

　以上によると，テレワークのプラスとマイナスの効果では，前述したテレワークに関する2つの見方のうち，プラスの面が大きいことが確認できよう。ただし，前述したように勤務先にテレワーク制度等があっても，テレワークにプラスの効果がないと考えている者は，テレワークをそもそもしていない可能性が高いことに留意する必要がある。

　次に，国土交通省「テレワーク人口実態調査」（2017年）によって[13]，雇用者のテレワークの具体的な内容をみよう。まず，テレワークが認められている場所では，「自宅」が62.3％と最も多く，次いで「自社の他事業所（他支店・営業所，サテライトオフィス等）」が55.8％を占め，この2つ以外では「顧客先・訪問先・外回り先」が28.2％，「移動中（通勤時・出張時の電車内，駅構内・空港内等）」が25.6％，「喫茶店・図書館・出張先のホテル等」が21.1％，「複数の企業や個人で利用する，共同利用型オフィスやコワーキングスペース等」は14.5％となる。

　テレワークの利用を「全部門・全職種」認めている割合は29.7％で，「一部のみ認めている」が70.3％である。「役職・勤続年数に関係なく認めている」は54.7％で，「特定の役職や一定の勤続年数以上の社員だけ認めている」は45.3％になる。

　さらに在宅勤務が認められる条件では，「特に条件等の制限はない」は67.5％で，制限がある場合（32.5％）では，「育児のため」（68.8％）や「介護のため」（56.7％），さらに「病気・怪我により通勤が困難な場合」（50.1％）な

どとなる。在宅勤務が認められている場合の頻度では，「特に制限はない」が57.7％と最も多く，次いで「週1～5日」が12.5％を占め，「月3日以下」は4.6％にとどまる（「わからない」が25.2％）。「テレワークをする都度，上司などに書面等による申請・承認が必要」が47.4％最も多く，次いで「特になし」が30.3％となり，「テレワークをする都度，スケジューラー等へ入力すればよい（書面等は不要）」は19.2％になる。さらに上司などに書面等による申請・承認が必要な場合の申請・承認時期については，「1週間前まで」が38.2％と最も多く，「前日まで」が34.7％で，「当日で可」も16.0％となっている。普段の勤怠管理以外の始業・終業時刻の上司への連絡が「必要」と「必要でない」では，ほぼ同じ回答割合であるが，「必要」の回答が52.6％とやや多くなる。仕事の報告では，「特に仕事内容や成果報告の必要はない」が40.0％と最も多く，次いで「仕事内容の報告は必要だが，成果の確認を受ける必要はない」が35.5％と続き，「仕事内容を報告し，成果の確認も受ける必要がある」は21.5％となっている。

3　新型コロナウイルス対策によるテレワークの拡大

　ここでは，新型コロナウイルス対策によるテレワークの拡大を取り上げよう。
　厚生労働省とLINEによる「新型コロナ対策のための全国調査」の第3回調査（2020年4月12～13日）によると[14]，7都府県に緊急事態宣言が発令（4月7日）された後の，オフィスワーク（事務・企画・開発など）を主とする回答者のテレワーク実施率は，全国平均で27％である。東京は約52％で最も高い実施率となる。テレワークの実施率の分母は，就業者で雇用者に限定されていないと想定できるが，公表資料ではその点が明確ではない。
　パーソル総合研究所が，従業員規模10人以上の企業に勤務する社員（20歳から59歳の正社員，登録モニター対象，調査対象者は第1回が正社員，第2回は就業者，第3回は非正規社員も含むが，以下の分析は正社員のみ）を対象に，テレワークの利用状況などに関して，2020年3月9日から15日に第1回調査を，4月10日から4月12日に第2回調査（7都府県緊急事態宣言後）を，5月29日

から6月2日の第3回調査（緊急事態宣言解除後）を行っている[15]。調査には
テレワークの定義がないが，多くは在宅勤務と想定される[16]。集計結果は，平
成27年の国勢調査の職員・従業員及び性・年代別にウエイトバックされてい
る[17]。

　第1回調査では正社員のテレワーク（在宅勤務）の実施率は，全国平均で
13.2％であったが，第2回調査では27.9％（緊急事態宣言地域は38.8％；東京
都49.1％，神奈川県42.7％，千葉県38.0％）まで増加し，緊急事態宣言解除後
の第3回調査ではやや低下し25.7％となった。国勢調査で実数に復元すると，
第2回調査によると，全国で約761％万人（うち今回はじめて経験が523万人）
がテレワークで就業していると推計している。

　テレワークを行っている人のうち，現在の会社で初めて実施した人は，第1
回調査で47.8％，第2回調査で68.7％となり，新型コロナウイルス感染拡大に
対応するために初めてテレワークを行った人が多いことがわかる。テレワーク
が実施できていない理由は，第2回調査では，「テレワークが行える業務でな
い」[18]（47.3％），「テレワーク制度が整備されていない」（38.9％），「テレワー
クのためのICT環境が整備されていない」（19.9％）などとなる。なお，第2回
調査によると，テレワーク非実施者のうちテレワーク希望者は47.0％と半数近
くなる。つまり，業務や制度，さらにはICT環境などでテレワーク実施の希望
が実現できていない社員が，かなりの比率を占めることがわかる。

　勤務先の企業規模が大きいほどテレワークの実施者率が高く，第3回調査で
は1万人以上規模で42.5％，1000人から1万人未満規模で36.3％，100人から
1000人未満規模で25.3％，10人から100人未満規模が15.5％になる

　第2回調査と第3回調査でテレワークを行っている管理職以外の担当職が抱
いている「不安」（各設問に関して「あてはまる」「ややあてはまる」「どちら
ともいえない」「あまりあてはまらない」の4段階で尋ね[19]，下記は「あては
まる」と「ややあてはまる」の比率の合計）[20]は，①「非対面のやりとりは相
手の気持ちが分かりにくく不安」が第2回39.2％・第3回32.2％，②「仕事を
さぼっていると思われないか不安」が同34.8％・30.2％，③「出社する同僚の
業務負担の増加の不安」が同30.4％・同26.4％，④「相談しにくいと思われて

いないか不安」が同26.4％・同21.0％，⑤「上司から公平・公正に評価してもらえるか不安」が同26.7％・同31.4％，⑥「出社する同僚が不公平感を感じていないか不安」が同27.8％・同24.0％，⑦「仕事を頼みにくいと嫌われていないか不安」が同22.7％・同21.2％，⑧「出社する同僚から仕事がやりにくいと思われていないか不安」が同24.5％・同22.0％，⑨「成長できるような仕事を割り振ってもらえるか不安」が同21.2％・同23.4％，⑩「将来の昇進や昇格に影響がでないか不安」が同19.0％・同20.4％，⑩「社内異動の希望が通りにくくならないか不安」が同17.2％・同19.2％となる。第2回と第3回で5％ポイント以上回答比率が変化したのは，「非対面のやりとりは相手の気持ちが分かりにくく不安」と「相談しにくいと思われていないか不安」の2つで，いずれも減少している。テレワークを経験することでこうした不安が払拭された者が増えた可能性がある。

　また，第2回調査でテレワーク実施者の「課題」（各設問で「あてはまる」と「ややあてはまる」の合計）は，「運動不足」が73.6％，「テレワークでできない仕事がある」が60.2％，「プリンターなど必要機器がない」が47.8％，「仕事に適した机や椅子がない」が44.8％，「仕事に集中できない」が43.6％になる（以上が指摘率40％以上の項目）。家庭の環境では，上記の「仕事に適した机や椅子がない」以外では，「自宅のインターネット環境が不安定」（26.8％）や「自宅に仕事をするスペースを確保できない」（26.6％）も多い。こうした家庭環境から第2回調査によると，会社への要望として，「テレワークのための自宅の環境整備をサポートしてほしい」（31.4％）や「テレワーク時のネットワーク環境を強化してほしい」（27.4％）が指摘されている。

　第2回調査で，初めてテレワークを実施した人に限定すると，テレワークの「課題」として，「仕事に集中できない」（テレワーク「経験者」に比べて＋14.6ポイント）や「仕事に適した机や椅子がない」（同＋13.5ポイント），「プリンターなど必要機器がない」（同＋12.2ポイント），「テレワークできない仕事がある」（同＋11.5ポイント）が多く指摘されている。新型コロナウイルスへの対応のために事前の準備がない中でテレワークを実施した人が多く，円滑なテレワークに必要な環境が整備されていないことがわかる。

　テレワークを行うと長時間労働になるとの指摘もあるが，第2回調査で，テレワークの「課題」として，「労働時間が長くなりがちだ」を選択した者は21.0％とそれほど多くない。さらに，テレワーク実施前後の比較では，実施前に比較して「労働時間」では「減った」が36.2％で，「増えた」の9.6％より多く，また「業務量そのもの」も「減った」が37.6％で，「増えた」は6.8％であった。新型コロナウイルス感染拡大への対応として実施されたテレワークが多く，企業や管理職が，在宅勤務の社員に所定労働時間に見合った仕事を割り振ることができていなかったことも背景にあろう。

　第2回調査でテレワークでの業務効率性の変化をみると，「変わらずできている」が半数前後を占めるが，「非効率になっている」も同程度の比率となる。「効率的にできている」と「変わらずできている」の合計[21]が60％を超えるのは，「定型的な事務作業」（67.4％），「企画作成・資料作成作業」（64.4％），「デザイン・プログラミングなどの専門的業務」（61.6％），「上司との日々のコミュニケーション」（60.6％），である。他方で，「非効率になっている」が50％を超えるのは，「社外との会議・ミーティング」（52.7％），「アイディアだしなどの会議・ミーティング」（52.2％），「決算・決議などの社内手続き」（51.6％），「部下や同僚へのOJT」（51.2％）である。

　同調査でテレワーク実施前後の変化を，「組織への一体感」（「高まった」3.8％，「変わらない」59.8％，「低くなった」36.4％）「仕事への意欲・やる気」（「高まった」5.6％，「変わらない」61.6％，「低くなった」32.8％），「仕事満足度」（「高まった」6.8％，「変わらない」62.2％，「低くなった」31.0％），「生活満足度」（「高まった」19.2％，「変わらない」55.8％，「低くなった」25.0％）で取り上げると，いずれも「変わらない」が多いものの，「低くなった」が4分の1から3割ある点には留意が必要である。ただし，「生活満足」で「高まった」が20％程度を占める点は注目できる。

　さらに，図表5-2で子供がいるテレワーク実施者に関して，「働きながらの子どもの世話との両立の負担」に関する回答をみると，「負担がある」との比率（「あてはまる」と「ややあてはまる」の比率の合計）は，第2回調査と第3回調査の両者とも，子供の成長段階では未就学児やや小学生で高く，男女別

図表5-2 仕事と子育ての両立が負担との回答比率（子供がいるテレワーク実施者；「あてはまる」と「ややあてはまる」の合計，%）

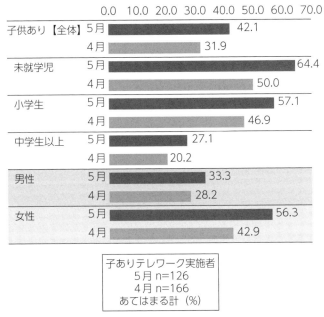

出所：パーソル総合研究所「緊急事態宣言解除後のテレワークの実態についての調査結果概要」2020年6月14日

では女性で高いことがわかる。家庭内における子育てや家事の女性社員への偏りの課題が，テレワークで顕在化したといえよう。

　最後に，第2回調査でテレワーク実施者の今後の希望をみると，テレワークを継続したいとした者が53.2%となる。新型コロナウイルス対応のための今回のテレワークが，今後の在宅勤務の拡大につながる可能性を指摘できる。

4 勤務場所の柔軟化の課題

(1) テレワークと労働時間管理の課題

　勤務場所の多様化や柔軟化は，労働時間管理の面で，企業の人事管理や管理

職の部下マネジメントに新しい課題をもたらしている。例えば，テレワークで
あっても，労働基準法が適用され，企業としては社員の始業・終業の時刻を記
録することで，労働時間を適正に管理することが求められることなどがある。
この点に関して，厚生労働省はテレワーク利用者の利用者の長時間労働などを
予防するために，2018年2月に**図表5-3**の「情報通信技術を利用した事業場
外勤務（テレワーク）の適切な導入及び実施のためのガイドライン」を策定し
ており，テレワークで働く社員の労働時間の適切な管理の参考になろう。

　例えば，勤務時間中のいわゆる中抜け時間に関しては，社員が中抜け時間の
利用の自由が保障されている場合には，休憩時間や時間単位の年次有給休暇と
して取扱うことが可能となる。他方で，通勤時間や出張旅行中など移動時間中
のテレワークでは，「使用者の明示又は黙示の指揮命令下で行われるものは労
働時間に該当する」ことになるので留意が必要である。ただし，「勤務時間の
一部をテレワークする際の移動時間など使用者が移動することを労働者に命ず
ることなく，単に労働者自らの都合で就業場所を移動し，自由利用が保障され
ている場合は，休憩時間として取り扱うなど労働時間に該当しない」とされて
いる。

　また，テレワークでもフレックスタイム制を活用できるが，始業・終業の時
刻を労働者に委ねる制度のため，企業として労働時間の把握が必要になる。同
じく，裁量労働制の適用対象者もテレワークを活用できるが，健康確保の観点
から，勤務状況を把握し，適正な労働時間管理を行うことが企業に求められる。
例えば，労働者の裁量が失われていないか確認し，業務量などを見直すことが
必要となる。

　さらに，テレワークによる社員の長時間労働を防ぐ手法として，①メール送
付の抑制，②システムへのアクセス制限，③テレワークを行う際の時間外・休
日・深夜労働の原則禁止等，④長時間労働等を行う者への注意喚起等が推奨さ
れている。

(2)　管理職の部下マネジメントとテレワーク

　テレワークの下で管理職は，対面でのコミュニケーションがとれない部下の

図表5-3 情報通信技術を利用した事業場外勤務（テレワーク）の適切な導入及び実施のためのガイドライン（骨子）

○　労働基準関係法令の適用

　テレワークを行う場合においても，労働基準法，最低賃金法，労働安全衛生法，労働者災害補償保険法等の労働基準関係法令が適用。

○　労働基準法の適用に関する留意点

労働条件の明示	労働者がテレワークを行うことを予定している場合も，テレワークを行うことが可能である勤務場所を明示することが望ましい。
労働時間制度の適用と留意点	・労働時間の適正な把握 　使用者はテレワークを行う労働者の労働時間についても適正に把握する責務を有する。 ・いわゆる中抜け時間 　労働者が労働から離れ，自由利用が保障されている場合，休憩時間や時間単位の年次有給休暇として取扱うことが可能。 ・通勤時間や出張旅行中の移動時間中のテレワーク 　使用者の明示又は黙示の指揮命令下で行われるものは労働時間に該当する。 ・勤務時間の一部をテレワークする際の移動時間等 　使用者が移動することを労働者に命ずることなく，単に労働者自らの都合により就業場所間を移動し，自由利用が保障されている場合は，労働時間に該当しない。 ・フレックスタイム制 　テレワークもフレックスタイム制を活用可能。あくまで始業・終業の時刻を労働者に委ねる制度のため，労働時間の把握が必要。
通常の労働時間制度	
事業場外みなし労働時間制	使用者の具体的な指揮監督が及ばず，労働時間を算定することが困難なときは，事業場外みなし労働時間制が適用。 　具体的には，①情報通信機器が，使用者の指示により常時通信可能な状態におくこととされていないこと，②随時使用者の具体的な指示に基づいて業務を行っていないことが必要。 　労働者の健康確保の観点から，勤務状況を把握し，適正な労働時間管理を行う責務を有する。また，実態に合ったみなし時間となっているか確認し，実態に合わせて労使協定を見直すこと等が適当。
裁量労働制	裁量労働制の要件を満たし，制度の対象となる労働者についても，テレワークを活用可能。 　労働者の健康確保の観点から，勤務状況を把握し，適正な労働時間管理を行う責務を有する。また，労働者の裁量が失われていないか等を労使で確認し，結果に応じて，業務量等を見直すことが適当。
休憩時間	労使協定により休憩時間の一斉付与の原則を適用除外可能。
時間外・休日労働の労働時間管理	法定労働時間を超える場合には，割増賃金の支払い等が必要となることから，労働時間の状況の適切な把握に努め，必要に応じて労働時間や業務内容等について見直すことが望ましい。

○　長時間労働対策

> 長時間労働等を防ぐ手法として，①メール送付の抑制，②システムへのアクセス制限，③テレワークを行う際の時間外・休日・深夜労働の原則禁止等，④長時間労働等を行う者への注意喚起等の手法を推奨。

○　労働安全衛生法の適用及び留意点

安全衛生関係法令の適用	過重労働対策やメンタルヘルス対策等により，テレワークを行う労働者の健康確保を図ることが重要。
作業環境整備	テレワークを行う作業場が自宅等である場合には，情報機器ガイドライン等の衛生基準と同等の作業環境とすることが望ましい。

○　労働災害の補償に関する留意点

> テレワーク勤務における災害は労災保険給付の対象となる。

○　その他テレワークを適切に導入及び実施するに当たっての注意点等

労使双方の共通の認識	あらかじめ導入の目的，対象となる業務，労働者の範囲，テレワークの方法等について，労使で十分協議することが望ましい。 テレワークを行うか否かは労働者の意思によるべき。
円滑な遂行	業務の内容や遂行方法を明確にしておくことが望ましい。
業績評価等	業績評価等について，評価者や労働者が懸念を抱くことのないように，評価制度，賃金制度を明確にすることが望ましい。
費用負担	テレワークを行うことによって生じる費用について労使のどちらが負担するか等を，あらかじめ労使間で十分に話し合い，就業規則等に定めておくことが望ましい。
社内教育	労働者が能力開発等において不安に感じることの無いよう，社内教育等の充実を図ることが望ましい。
労働者の自律	労働者も自律的に業務を遂行することが求められる。

仕事や働きぶりを管理することが求められる。しかし，管理職の多くは，テレワークをしている部下が「仕事をさぼっていないか心配」していたり，「必要な時に業務指示を出したり，指導をしづらい」あるいは「チームビルディングができない」などに不安を感じている[22]。他方で，テレワークの経験がある管理職では，こうした不安が低下し，テレワークを「部下が自己管理の習慣をつける機会」，「部下が無駄な業務を減らす機会」，「部下が生産性を高める機会」，「部下がワーク・ライフ・バランスを改善する機会」，さらには「管理職がマネジメント能力を高める」機会などにつながると前向きにとらえる者が多くなる。この点では，管理職の不安を解消するためには，管理職自身のテレワーク経験

を増やしていることが大事になることがわかる。

　また，通常勤務での部下管理と比較して，テレワークの方が管理職と部下の間のコミュニケーションがより密になる可能性も高い。つまり，管理職と部下が対面でコミュニケーションがとれる環境があることと，実際にコミュニケーションをとっているかどうかは別だということである。さらに，テレワークが普及すれば，仕事の「見える化」が進展し，部下の働きぶりの評価が客観化でき，仕事の成果での部下評価につながる可能性も指摘されている。

　他方で，在宅勤務では，リアルなコミュニケーションができないことを補完するために，定期的なコミュニケーションが必要になるとの指摘もある。「オンライン朝会」や「管理職による定期的なメッセージの発信」，さらには「顔を見ての個別相談」などが重要になるとの指摘である。また，テレワークをしている社員間のコミュニケーションの円滑化として，休憩時間での「チャットでの雑談」，さらには時間外での「オンライン飲み会」なども有効となろう。

⑶　勤務場所の柔軟化とWLB：仕事と時間の自己管理が不可欠

　テレワークが円滑に活用されるためには，企業や管理職のマネジメントに加えて，社員一人一人が仕事の進捗や時間の使い方，さらには仕事と仕事以外の境界などを適切に自己管理することが求められる（Kossek, 2016）。この自己管理能力を社員が欠いていると，働き過ぎや生産性の低下などが生じることになる。とりわけ「いつでもどこでも」仕事ができる状況が広がれば，仕事と生活の境界が曖昧になることが大きな課題とされている。プライベートの時間を優先する社会規範が確立していない日本では，テレワークでは仕事と仕事以外の生活の境界が曖昧になり，長時間労働になる可能性が高いと想定できる。こうした状況が生じないように，メールの送受信の時間帯制限など「つながらない」権利の担保や，健康管理を含めて企業による労働時間管理の必要性があるといえよう。

　以上は，管理された時間による働き方から，働く人一人一人が自分の時間を管理するパーソナル化した時間での働き方への転換を意味しよう。この働き方の変化を「時間革命」と命名した角山（1998）の図表5-4が示唆的である。

図表5-4 時間革命と人間の労働・労務管理

	自然時間	機械時計のつくる人工の時間	情報時間
社会形態	農業社会	工業社会	情報社会
時間の内容	太陽や月・星など自然の営みに合わせて設定された時間の秩序	機械時計によってつくられた正確で画一化された時間の秩序	情報によって創造される多様な時間の秩序
時刻制度	不定時法	定時法	デジタル・タイム・コードからヴァーチャル・リアリティによる仮想時間まで
労働形態	日の出から日没まで自然の営みに従った労働	工場やオフィスの勤務時間に縛られた労働	個人一人ひとりの，パーソナル化した時間に対応した知的労働
労働内容	農業労働	工業労働	情報・知的労働
労働の評価基準	自己満足度	標準化された労働時間の「量」	業績，成果，創造された時間の「質」
時間管理者	神（教会），君主，領主	資本家，経営者	時間を創造，演出する個人，プロデューサー
時間の特色	自然そのもの	時間はマネーとなる	時間は情報となる

出所：角山榮（1998）

　角山は，工業社会では経営者が労働時間を管理していたが，情報社会になると個人が「自らの労働・余暇・生活時間をデザイン」する「時間管理者」となり，「パーソナル化した時間に対応した知的労働」を担うことになるとする。「自らの労働・余暇・生活時間をデザイン」することは，まさに仕事と仕事以外の生活の境界管理でもある。

POINTS────────────────────────────

◆　職住分離による生活の場と仕事の場の分離，労働時間の「同期化」，さらに「非社会的労働時間」の拡大は，働く人々の仕事や生活のあり方や質に大きく影響することになった

◆　情報通信技術の発展により，固定的な勤務場所へ通勤して出社しなくても，仕事の進捗や生活の必要に応じて，多様な勤務場所を選択すること

が可能となりつつある。

◆　テレワークが円滑に活用されるためには，企業や管理職のマネジメント
に加えて，社員一人一人が，仕事の進捗や時間の使い方，さらには仕事
と仕事以外の境界などを，適切に自己管理することが求められる。

|注
1　テレワークに関する定義として下記がある。日本テレワーク協会は，「テレワークとは，
情報通信技術（ICT = Information and Communication Technology）を活用した，場所
や時間にとらわれない柔軟な働き方」とし，「働く場所によって，自宅利用型テレワーク
（在宅勤務），モバイルワーク，施設利用型テレワーク（サテライトオフィス勤務など）の
3つ」があるといしている（https://japan-telework.or.jp/tw_about-2/2020年5月8日アク
セス）。日本テレワーク学会は，「情報・通信技術の利用により時間・空間的束縛から解放
された多様な就労・作業形態」としている（http://www.telework-gakkai.jp/about/
kiyaku/2020年5月8日アクセス）。
2　この点に関して，新しい産業の時間への適応に関して，Hareven（1982）は「農村から
アモスケグ社にやってきた労働者にとって，工場のベルの音によって統制された分刻みの
時間割という新しい経験は，新種のプレッシャーになった」（訳181頁）と述べている。
3　農民の時間意識など日本のおける時間意識の変遷に関しては橋本・栗山編著（2001）を
参照されたい。
4　Gately（2014）は，日本を含めて，近代社会における通勤の形成を紹介している。
5　島貫・佐藤（2017）は，労働時間に関する変数を統制した分析で，通勤時間が長くなる
とワーク・ライフ・バランスが低下することを明らかにしている。
6　なお，企業による通勤手当の支給によって雇用者による居住地選択が非効率的になり，
通勤が長距離化し，鉄道の混雑を生んでいるとの議論もある（湯浅・円山・原田，2004）。
7　香川（2019）は，「平成23社会生活基本調査」の個票の再分析から，働く時刻と時間帯
の現状を明らかにしている。また，本書の第2章の2を参照されたい。
8　松浦（2018）は未就学児と同居しながら働く父親を対象として，退社時刻や帰宅時刻と
家族との夕食回数の関係を分析し，月に「15回の夕食回数を確保しようとすれば，退社時
刻は19時前，帰宅時刻は20時前がタイムリミットになる」と指摘している。さらに，労働
時間などを統制しても，仕事と仕事以外の「けじめ」意識を持てることが帰宅時間を決め
る可能性があることを明らかにしている。
9　この点に関しては，本書の第6章2(2)の「仕事と私生活の境界管理」を参照されたい。
10　EUに関しては，Eurofound（2020）を参照されたい。
11　古川（2015）の第2章もテレワークのメリットとデメリットに関する内外の研究を整理
している。
12　平成24年の「就業構造基本調査」の性年齢別の構成比を参考にサンプルを抽出して調査
されている。
13　「テレワーク人口実態調査」は，調査年によって調査内容が異なる。

128

14 https://www.mhlw.go.jp/stf/newpage_11109.html（2020年5月10日アクセス）。
15 第1回調査と第2回調査の報告書は，
 https://rc.persol-group.co.jp/research/activity/files/telework.pdfで，第3回調査の概要は
 https://rc.persol-group.co.jp/news/202003230001.htmlで閲覧できる。（2020年6月15日ア
 クセス）。
16 調査では，在宅勤務でなく「テレワーク」と記載して調査が行われており，調査実施者
 によると，その多くは在宅勤務と想定して分析が行われている。他方，第2回調査におけ
 る東京都でのテレワーク実施者の比率が49.1％と高いことを考慮すると，いわゆるテレワー
 クによる在宅勤務だけでなく，出社禁止のため在宅で仕事を行う者が含まれている可能性
 も高い。
17 一部の設問は，回答者を限定して行われている。
18 上記は正社員の回答であるが，第2回調査によると非正社員では「テレワークで行える
 業務でない」が56.2％と高い。派遣社員などの非正社員では，テレワーク環境にない者が
 多くなることがわかる。
19 調査概要には，選択肢の説明がないため対象実施者に確認した。
20 第2回調査と第3回調査のこのデータは，第3回調査の概要による。
21 「効率的にできている」はいずれも5％前後である。
22 2020年3月に部下を持った課長相当の管理職618名に対する調査による。詳しくはリク
 ルートマネジメントソリューションズ（2020）を参照されたい。

| 参考文献

NHK放送文化研究所編（2011）『日本人の生活時間・2010』NHK出版.
香川めい（2019）「労働時間のシフトとワーク・ライフ・バランス」『社会科学研究』70(1),
 pp.97-113.
佐藤栄一郎（2020）「テレワークの推進とこの効果—感染症抑制，生産性向上，ワークライ
 フ・バランス」『財務総研スタッフ・レポート』（No.20-SR-04）5月28日，p.1-10.
島貫智行・佐藤博樹（2017）「勤務間インターバルが労働者のワーク・ライフ・バランスに
 与える効果」『季刊労働法』258号，pp.168-180.
関根智江・渡辺洋子・林田将来（2016）「日本人の生活時間・2015」『放送研究と調査』5月,
 pp.2-27.
角山　榮（1998）『時間革命』新書館.
橋本毅彦・栗山茂久（2001）『遅刻の誕生—近代日本における時間意識の形成』三元社.
古川靖洋（2015）『テレワーク導入による生産性向上戦略』千倉書房.
松浦民恵（2018）「父親の家族との夕食回数：仕事と仕事以外の「けじめ」意識は夕食回数に
 影響するか」『生涯学習とキャリアデザイン』16(1), pp.113-127.
湯浅誠一・円山琢也・原田昇（2004）「通勤手当の撤廃による鉄道通勤混雑の緩和効果」土
 木計画学研究・講演集（CD-ROM）（Proceedings of Infrastructure Planning (CD-ROM)）
 30巻，IX（248）.
リクルートマネジメントソリューションズ（2020）『テレワーク実態調査結果を発表（前編）』.
Eurofound (2020) *Telework and ICT-based mobile work: Flexible working in the digital*

age, New forms of employment series, Publications Office of the European Union, Luxembourg.

Gately,I.（2014）*Rush Hour: How 500 Million Commuters Survive the Daily Journey to Work*, Head of Zeus Ltd.,（黒川由美訳『通勤の社会史―毎日５億人が通勤する理由』太田出版，2016）。

Hareven,T.K.（1982）*Family Time & Industrial Time*, Cambridge University Press（正岡寛司監訳『家族時間と産業時間』早稲田大学出版部，1990）．

Kossek, E.E.（2016）"Managing Work-Life Boundaries in the Digital Age, Organizational Dynamics, Vol.45, pp.258-270.

第 **6** 章

働き方改革と生活改革

本章では，働き方改革と表裏の関係にある生活改革に焦点を当てる。まず，生活改革に着目する理由を述べた上で，働く人の生活の現状を概観し，生活改革に向けた課題について考える。次に，仕事と私生活の双方を視野に入れた研究として，両者の相互作用，両者の境界管理，さらには仕事以外の活動と個人の成長・発展に注目した研究に焦点を当て，生活改革に向けた示唆を整理する。最後に，働き方改革と生活改革の好循環に向けて，個人，企業がやるべきことについて考察する。

1 生活改革に注目する理由

2010年代以降広がってきた働き方改革は，人手不足や低い生産性が問題視されるなかで，どちらかといえば政府や企業が主導する形で，労働時間の削減のための取り組みを中心として進められてきた。一方で，削減された労働時間を私生活のどこに配分するのかという点を含む個人の生活改革については，政府や企業が真っ向から取り上げるのが難しいがゆえに，これまで踏み込んだ議論になかなかなりにくい面があった。

しかしながら，働き方改革と生活改革は表裏の関係にあり，両者は密接に連動している。私生活が個人の自由な領域に属することはいわずもがなであるが，とりわけこれまで長時間労働が常態化していた人達にとって，生活改革を伴わない働き方改革は，企業と個人の双方にとって良い結果につながらず，いずれ行き詰まることも懸念される。

　そこで１では，働き方改革と表裏である生活改革について考える上で押さえ
ておくべき，働く人の生活（主に仕事以外の生活）の現状と課題について概観
したい。

(1)　働き方改革の表裏にある生活改革

　2010年代以降広がってきた働き方改革は，どちらかといえば政府や企業が主
導する形で進められてきたという意味で，働き方改革というよりも「働かせ方
改革」だったともいえよう。

　ただし，個人の生活という観点からも，既存の働き方に関しては多くの問題
が指摘されてきた。長時間労働を前提とする働き方は，働く時間や場所に制約
があり仕事も仕事以外の生活も大事にしたい「ワーク・ライフ社員」に対して，
キャリア形成を阻害するだけでなく生活における満足度も低下させてきた。昨
今の働き方改革はこのような人達に対して，キャリア形成や私生活のいずれの
面においても良い影響を及ぼしている可能性が高い。

　一方で，生活の関心の中心が仕事にあり，あるいは働く時間や場所に制約が
なく，長時間労働を常態として受け入れてきた人達に代表される「ワーク・
ワーク社員」は，もともと仕事以外の生活に関する関心や仕事以外の役割が限
定的になりがちであった。このような人達は，生活改革を伴わないまま長時間
労働が解消されると「家に帰ってもやることがない」という状況に陥る懸念が
大きい。こういう状況が続くと，働き方改革がむしろ個人のモチベーションを
低下させることにもつながりかねない。

　また，仕事以外の生活に対する関心や仕事以外の役割が限定的であり続ける
ことによって，学び直しや多様な人々との交流を通じた成長機会が仕事の枠内
に制約されることも危惧される。仕事以外の生活への関心や仕事以外の役割を
担うことは，新しい学びや社外の多様な人々との交流につながり，視野やネッ
トワークを広げ，結果として仕事での成長にも良い影響をもたらす面もある。

　さらに，「ワーク・ワーク社員」の生活改革は「ワーク・ライフ社員」の生
活や働き方にも影響する。女性の就業促進や少子化抑制の観点から，育児期の
男性に関してはとりわけ育児・家事の面での生活改革が期待されてきたにもか

かわらず，労働時間が長く，休暇や休業の取得率も低い状況はいまだに大きく変わっていない。つまり，子育て中であっても，長時間労働のもとで父親という仕事以外の役割を十分に担えていない男性社員が少なくない[1]。このため，働く女性が仕事と子育ての両立を一人で担わざるを得ず，そのことが女性のキャリア形成や出産を阻害することが指摘されている。

　働く人の生活時間は，とりわけフルタイム勤務では労働時間の占める比重が大きく，労働時間が長くなると仕事以外の生活時間がより圧迫されることになる。この点で働き方改革は生活改革と表裏の関係にある。働き方改革の主たる対象となる「ワーク・ワーク社員」は，必ずしも生活改革の必要性を感じていないかもしれないが，生活改革を伴わない働き方改革はいずれ行き詰まることも懸念される。そこで本章では，働き方改革と表裏にある生活改革，すなわち仕事以外の私生活の改革にあえて焦点を当てることとしたい。

⑵　働く人達の私生活の現状と課題

　生活改革について論じる前に，働く人たちの生活の現状を概観しておきたい。
　総務省「社会生活基本調査」（2016年）で，雇用されている人（15歳以上）について，1日の平均行動時間（週全体）をみると，「睡眠」（441分），「仕事」（359分）が上位2位であり，次に「テレビ・ラジオ・新聞・雑誌」（95分），「食事」（92分），「休養・くつろぎ」（87分），「身の回りの用事」（79分），「家事」（61分）が続いている。平均行動時間については行動していない人も分母に含まれていることもあり，「育児」は14分，「学業」は12分，「学習・自己啓発・訓練（学業以外）」は6分，「ボランティア活動・社会参加活動」は3分，「介護・看護」[2]は2分にとどまる（図表6-1）。
　私生活の構成要素はさまざまであるが，働き方改革による労働時間削減分の配分先として，学び直しや多様な人々との交流の増加や，男性社員の家事・育児時間の増加は，社会的あるいは企業からの期待が特に大きいと考えられる。そこでこうした活動について，同じ調査で週間就業時間が35〜39時間と60時間以上の男女を比較してみた。週間就業時間35〜39時間はほとんど残業していないケースであるが，他方の60時間以上は働き方改革で労働時間削減の対象とな

図表6-1 1日の各行動種類の平均行動時間（週全体）

(分)

	睡眠	身の回りの用事	食事	通勤・通学	仕事	学業	家事	介護・看護	育児	買い物	移動（通勤・通学を除く）	テレビ・ラジオ・新聞・雑誌	休養・くつろぎ	学習・自己啓発・訓練（学業以外）	趣味・娯楽	スポーツ	ボランティア活動・社会参加活動	交際・付き合い	受診・療養	その他
雇用されている人計	441	79	92	52	359	12	61	2	14	23	29	95	87	6	42	8	3	17	4	14
男性・週間就業時間35～39時間	454	72	95	61	358	2	18	1	9	18	28	111	99	8	61	10	4	13	3	14
男性・週間就業時間60時間以上	419	62	81	59	557	2	9	1	9	13	26	60	73	4	29	8	2	14	2	9
差	35	10	14	2	-199	0	9	0	0	5	2	51	26	4	32	2	2	-1	1	5
女性・週間就業時間35～39時間	434	92	97	51	327	4	111	3	23	29	30	86	81	4	31	5	2	14	5	13
女性・週間就業時間60時間以上	413	85	82	53	507	6	45	2	13	19	28	52	64	9	25	4	1	19	3	11
差	21	7	15	-2	-180	-2	66	1	10	10	2	34	17	-5	6	1	1	-5	2	2

注1：15歳以上のうち、雇用されている人について
注2：行動者平均時間ではなく、総平均時間（該当する種類の行動をしなかった人を含む全員についての平均）
注3：差は、週間就業時間35～39時間の行動時間から、週間就業時間60時間以上の行動時間を引いたもの
出所：総務省「社会生活基本調査」（2016年）より作成

る長時間労働のケースに該当しよう。

　まず，家事・育児時間を週間就業時間別にみると，週間就業時間35〜39時間は60時間以上に比べて，女性の場合「家事」が66分，「育児」が10分上回るが，男性の場合「家事」が９分，「育児」が０分の差にとどまり，男性については就業時間が短くてもその時間分が家事や育児に充当されていない様子がうかがえる（図表6-1）。

　家事・育児時間についてさらに詳しく，６歳未満の子どもを持つ夫婦の家事・育児関連時間をみると，妻の家事・育児関連時間が１日当たり７時間34分，うち育児時間が３時間45分であるのに対して，夫のそれは各１時間23分，49分にとどまっている。他の国々とその内訳を比較すると，夫は家事時間が他の国々を大きく下回っており，妻の方は育児時間の長さが際立っている（図表6-2）。

　次に，学び直しや多様な人々との交流として「学業」，「学習・自己啓発・訓練」，「ボランティア活動・社会参加活動」の活動時間をみると，いずれも週間就業時間の長短や男女にかかわらずきわめて短い（図表6-1）。

　厚生労働省「能力開発基本調査」をみても，2019年度に自己啓発を行った者の割合は，正社員では39.2％，正社員以外では13.2％にとどまっており，自己啓発の年間延べ受講時間は，「10時間以上20時間未満」が18.6％と最も高く，次に「５時間以上10時間未満」（17.4％），「20時間以上30時間未満」（15.7％）が続いている。

　前述の総務省「社会生活基本調査」（2016年）によると，週間就業時間35〜39時間の平均行動時間が，60時間以上のそれを顕著に上回っている行動種類は，「テレビ・ラジオ・新聞・雑誌」（男性は51分，女性は34分の差），「睡眠」（男性は35分，女性は21分の差），「趣味・娯楽」（男性は32分，女性は６分の差），「休養・くつろぎ」（男性は26分，女性は17分の差）である（図表6-1）。これらの時間は学び直しなどの成長機会や育児の分担といった社会的あるいは企業からの期待とはややズレがみてとれ，個人が意図的・戦略的に時間配分した結果かどうかも危ぶまれる。これらの結果はあくまでも調査時点で週間就業時間が35〜39時間と60時間以上だった人の比較であり，今後60時間以上の労働時間

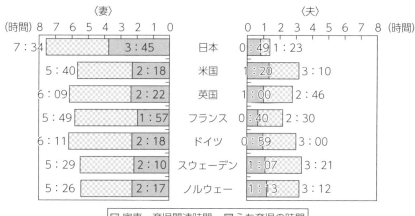

図表6-2 6歳未満の子どもを持つ夫婦の家事・育児関連時間（1日当たり，国際比較）

注1：総務省「社会生活基本調査」(2016年)，Bureau of Labor Statistics of the U.S. "American Time Use Survey"(2016年)及びEurostat "How European Spend Their Time Everyday Life of Women and Men"(2004年)より作成
注2：日本の値は，「夫婦と子どもの世帯」に限定した夫と妻の1日当たりの「家事」，「介護・看護」，「育児」及び「買い物」の合計（週あたり平均）
出所：内閣府（2019）より

が減ったからといって，現状35～39時間の平均行動時間と同じになるわけではない。とはいえ，単に労働時間が削減されるだけでは，政府や企業が期待するような効果につながらないことは懸念される。働き方改革だけでなく，個人主導の生活改革も視野に入れ，どうすれば両者の好循環につながるのかについて考えることも重要だろう。

2 仕事と私生活に関する研究の潮流

第2節では仕事と私生活の双方を視野に入れた先行研究から生活改革に向けた示唆を見出したい。仕事と私生活の双方に目を向けた研究としては大きく3つの潮流がある（図表6-3）。1つ目は，「スピルオーバー」(Spillover)に代表される仕事と私生活相互の影響に注目した研究である。2つ目は，「バウン

ダリー・マネジメント」（Boundary Management）すなわち仕事と私生活の境界管理に関連する研究である。3つ目は，個人の成長もしくは組織の発展への関心から，仕事以外の活動の有効性に注目した研究である。

図表6-3｜仕事と私生活に関する研究の潮流

潮流	仕事と私生活相互の影響	仕事と私生活の境界管理	仕事以外の活動と個人・組織の成長・発展
主要な概念	スピルオーバー クロスオーバー エンハンスメント エンリッチメント ファシリテーション	境界管理（バウンダリー・マネジメント） 区分の選好（セグメンテーション・プリファランス） 区分の供給（セグメンテーション・サプライ）	ライフキャリア バウンダリーレスキャリア 越境的学習
主要な問題関心	仕事と私生活が，双方向に，個人内や個人間でどのような影響を及ぼすか	仕事と私生活の境界をどのように設定するか，設定の仕方によってどのような影響があるか	仕事以外の活動が個人の能力やキャリア，組織の発展にどのような影響を及ぼすか
主な研究対象	役割葛藤が問題になる層（共働き夫婦等）	境界管理が問題になる層（ホワイトカラー等）	仕事以外の活動が個人・組織の成長・発展につながると期待される層
主な成果指標	心身の健康，満足感，仕事のパフォーマンス等		仕事のパフォーマンス，個人の能力・キャリア，組織の発展　等

出所：筆者作成

(1) 仕事と私生活が相互に及ぼす影響

　仕事と私生活の相互の影響に関する概念としては，「スピルオーバー」（流出，Spillover）が広く知られている。「スピルオーバー」は私生活における関心領域に応じて，「ワーク・ライフ・スピルオーバー」「ワーク・ファミリー・スピルオーバー」「ワーク・ホーム・スピルオーバー」などと呼称される。「スピルオーバー」とは，仕事と私生活の一方の領域がもう一方の領域に影響を与えることを指す。「スピルオーバー」には否定的な影響と肯定的な影響という2面

があるとされる（内閣府 仕事と生活の調和推進室，2011）。

　否定的な影響（ネガティブ・スピルオーバー）は「ワーク・ライフ・コンフリクト」（Work Life Conflict）として捉えられる。一方，一つの領域における経験がもう一つの領域における役割遂行を容易にしたり質を高めたりするのが肯定的な影響（ポジティブ・スピルオーバー）である。ポジティブ・スピルオーバーと同じような意味で，エンハンスメント（Enhancement），エンリッチメント（Enrichment），ファシリテーション（Facilitation）といった概念も提示されている（島津，2014）。こうした肯定的な影響が強まると，「ワーク・ライフ・バランス」（Work Life Balance）の実現に近づくと考えられるが，否定的な影響と肯定的な影響は必ずしも二者択一ではなく，両方ある，両方ないといった場合があることにも留意する必要がある。

　否定的な影響を説明する代表的な仮説としては，「欠乏仮説」が有名であり，「資源流出アプローチ」（Resource Drain Approach）とも呼ばれる。一方，肯定的な影響を説明する代表的な仮説としては，役割増大仮説があり，「役割強化・拡大アプローチ」（Role Enhancement or Expansion Approach）とも呼ばれる。

　Valcour（2007）によると，「欠乏仮説」は時間やエネルギーといった資源は有限であり，仕事に資源を振り向ければ家庭に振り向けられる資源は減少し，それぞれの要求が過大になれば充足感の低下につながると考える。一方，「役割増大仮説」は，仕事と家庭の要求に応えることを通じてスキルや能力が向上し，心理的・経済的余力ができることで仕事や家庭に好影響を与えるとされる。

　このような「スピルオーバー」に関しては，結婚・出産さらには育児といったライフイベントに直面している共働き夫婦等を中心として研究が蓄積され，心身の健康や満足感，さらには仕事のパフォーマンスが主要な成果指標とされてきた。

　なお，仕事と私生活の相互作用は必ずしも個人の中だけにとどまらず，他者（家族や職場メンバーなど）にも及んでいるとされ，これについては「クロスオーバー」（Crossover）として概念化されてきた。

　長時間労働を所与としてきた「ワーク・ワーク社員」は，私生活の領域が極

端に限定されてきたがゆえに，「スピルオーバー」を実感する機会は少なかっ
たかもしれない。働き方改革の進展のもと，「ワーク・ワーク社員」の私生活
の領域が拡大することで，従来「ワーク・ワーク社員」に分類された人達の
「スピルオーバー」も今後クローズアップされ，仕事と私生活の双方向に肯定
的効果をもたらせるかどうか，働き方改革や生活改革の質が問われることにな
るのではないだろうか。

⑵　仕事と私生活の境界管理

　技術革新にともなって仕事と私生活との境界が曖昧になってくるなかで，バ
ウンダリー・マネジメント（境界管理，Boundary Management）に関する研
究への注目度が高まってきた。2020年に入ってからは，新型コロナウイルスの
感染が世界規模で拡大し，多くの国々で十分の事前準備がないままに在宅勤務
が急速に普及してきている。日本においても，2020年4月に緊急事態宣言が発
出され，未就学児が家にいる，仕事に集中できる個室がない，といった状況で
在宅勤務を余儀なくされたケースも少なからずみられる。こうしたなかで，バ
ウンダリー・マネジメントはまさに喫緊の課題になってきたといえよう。
　バウンダリー・マネジメントとは，人々が仕事を含めた複数の生活領域間の
境界を管理する一連の認知・戦略として理解される。それだけでなく他にも
「精神的な壁（Mental fences）」（Zerubavel, 1991）や「移行儀式（Transitional
acts as rituals）」（Nippert-Eng, 1996）といった定義もみられる。
　バウンダリー（境界，Boundary）は，大きくは時間的境界，空間的境界，関
係的境界という3つのタイプに分類される。バウンダリー・マネジメントにお
いては，個人が境界について，どの程度の区分や統合を志向し，どのように行
動するかが問われることになる（図表6-4）。
　仕事領域と私生活領域の区分・統合の観点からの研究として，Kreiner
（2006）は，境界設定の側面として，個人が仕事と私生活をどの程度分離もし
くは統合したがるかという「区分の選好」（Workplace Segmentation
Preferences）と，職場が仕事領域と他の領域とをどの程度分離しやすくして
いるか，あるいは統合しやすくしているかという「区分の供給」（Workplace

図表6-4 | バウンダリー（境界）のタイプ

バウンダリー（境界）のタイプ		区分の例	統合の例
時間的境界	Temporal Boundaries	働く時間を決める	就業時間後に仕事をする
		技術の影響 （電子メール・電話等）	
空間的境界	Spatial Boundaries	仕事を家に持ち帰らない 家族を仕事に巻き込まない	家で仕事をする
		技術の影響 （Skype，Zoom，Webex等）	
関係的境界	Relational Boundaries	同僚との関係を仕事だけに限定する	プライベートでも同僚と付き合う

出所：Jacobs et al.（2018）より作成

Segmentation Supplies）[3]という２つの概念を用いて，両者の組合せがWHC（Work Home Conflict），ストレス，仕事への満足度にどう影響するのかについて分析している。分析結果からは，①「区分の選好」を超えて過剰に「区分の供給」（区分しやすい環境の整備）が行われている職場にいる従業員は，WHCが低い一方で，ストレスが高く，仕事への満足度が低くなること，②「区分の選好」と「区分の供給」の双方が中程度の従業員のストレスが低いことが明らかにされた。

　私生活を大切にするといわれる欧米の社員と，長時間労働の恒常化のもとで増加してきた日本の「ワーク・ワーク社員」では，仕事と私生活の境界あるいは境界管理をめぐる課題も異なると考えられる。ただし，働き方改革や新型コロナウイルスへの対応のために，在宅勤務などの柔軟な働き方が広がるにつれて，境界が統合される傾向がより強まると考えられることから，日本においてもバウンダリー・マネジメントがより重要な論点となってこよう。

　なお，仕事と私生活のバウンダリー・マネジメントに関する日本の研究として，松浦（2019）は「区分の選好」の類似概念として，「仕事をするときと仕

事をしないときの『けじめ』」がつけられているホワイトカラーの行動や意識
を分析し，①資料の持ち帰りやメールチェックに対する制限的な行動，②実労
働時間の短さと有給休暇の取得日数の多さ，③時間配分に対する高い満足度と
いった特徴を見出している。

⑶　仕事以外の活動と個人・組織の成長・発展

　仕事以外の活動が個人の成長や組織の発展につながるかどうかという点を主
たる関心事とする研究は，キャリア理論，学習研究，活動理論など多様な観点
から蓄積されてきた。

　キャリア理論においては，古くから職業キャリアと職業以外を含むライフ
キャリアが切り離せないものとして捉えられてきた。Super（1980）の有名
なライフキャリア・レインボーでは，一生涯における発達段階や生活空間で果
たすべきさまざまなライフロール（役割）の経験を積み重ねてライフキャリア
が形成されるものとされている。

　また，日本的雇用慣行のもとでのキャリア開発の閉塞感を背景として注目さ
れているキャリア自律に関する概念として，バウンダリーレス・キャリ
ア（Boundaryless Career）やプロティアン・キャリア（Protean Career）が
ある。バウンダリーレス・キャリアは，Arthur & Rousseau（1996）が提唱し
た概念で，文字通り企業組織の境界内に限定されないキャリアを意味しており，
企業の枠を超えた多様な組織・ネットワークでの活動を通じた能力・キャリア
開発が期待されている。プロティアン・キャリアはHall（1996）によって提唱
された。「プロティアン」はギリシア神話に出てくる，変幻自在に姿を変えら
れる海神「プロティウス」が語源となっている。社会環境や企業組織の変化に
対する，個人による管理や適応を強調する概念である。これらの概念に関連す
る研究として，佐藤・松浦（2019）は電機連合が組合員・管理職を対象として
2017年に実施したアンケート調査の分析を通じて，企業内のみならず，企業外
での多様な人々と交流機会[4]が，「知的好奇心」，「学習習慣」，「チャレンジ力」
の３つの特性を備えた「変化対応行動」につながることを実証している。

　学習研究や活動理論からは，たとえば中原（2012）が越境学習を「個人が所

属する組織の境界を往還しつつ，自分の仕事・業務に関する内容について学習・内省すること」(p.186) と定義し，その有効性を指摘している。石山 (2018) は越境学習を「越境的学習」として再定義 (pp.38-39) し，その有効性やメカニズムを明らかにした上で，私生活の領域に属すると考えられるボランティア，地域コミュニティ，異業種交流会が本業の業務遂行に正の影響を及ぼすとしている。

　これらの研究は 2(1)で説明したポジティブ・スピルオーバーに重なる面もあるが，関心事の相違から，主要な研究対象には仕事以外の活動が個人・組織の成長・発展につながると期待される就業者層が含まれ，仕事から私生活ではなく，私生活から仕事への影響が重視される。また，主な成果指標も心身の健康や満足感よりも，仕事のパフォーマンスや個人の能力・キャリア，さらには組織の発展に焦点が当てられることが多い。

　仕事以外の活動の仕事領域へのプラスの影響を実証する一連の研究蓄積は働き方改革を後押しすることになろう。ただし，働く人の仕事以外の活動に対しては，政府や企業が直接的に関与できないことから，政府や企業が期待するような個人・組織の成長・発展に寄与する形で，働く人の生活改革が実現するとは限らない。

　また，仕事と私生活との境界は必ずしも一つではなく，仕事以外の私生活で関与する活動や組織の増加に伴って，仕事とそれ以外の境界も増加したり複雑化したりする可能性が高い。仕事以外の活動には，学習や勉強会だけでなく，ボランティアや地域活動，PTA・父母会や，副業のように別の仕事領域に属するものなど多様な活動が含まれる。これまで主に想定されていた仕事と私生活の境界に加えて，私生活の活動間の境界という面でも，前述のバウンダリー・マネジメントも重要な論点になってくる可能性がある。たとえば副業についていえば，本業と私生活，副業と私生活，さらには本業と副業との境界が問題になる場面も想像できよう。

3　働き方改革と生活改革の好循環に向けて

　最後に3では，日本の働き方の現状を踏まえながら，働き方改革と生活改革の好循環に向けて，個人や企業が何をすべきかについて考えてみたい。

(1)　生活改革に不可欠な個人の意識改革

　「ワーク・ワーク社員」には，労働時間が削減されれば，仕事以外の私生活でやりたいことややるべきことがある人達と，やりたいことややるべきことがない，あるいは気づいていない人達の双方が含まれる。

　前者の人達については，労働時間の削減にともなって私生活でやりたいことややるべきことに時間が配分されることが期待される。一方，後者の人達は労働時間の削減を必ずしも望んでいないことから働き方改革や生活改革のいずれについても当事者意識が乏しく，たとえ労働時間が削減されたとしても，その削減された時間を私生活で活用する配分先が見つからないことが懸念される。そのような中で働き方改革のみが先行すると，1(2)でも提起したように，働き方改革を主導してきた政府や企業が期待する方向に，削減された時間が配分されない結果に陥る可能性がある。

　もちろん私生活はあくまでも個人の領域であり，働く人が，働き方改革で生み出された時間を何に配分するかは全く個人の自由である。ただ，学び直しや多様な人々との交流，男性社員の家事・育児時間の増加に対して，社会的あるいは企業からの期待が高まっているのにはそれなりの理由があり，その理由は個人とも無関係ではない。

　たとえば家事・育児時間が女性に偏ることによって家族関係が悪化すれば，仕事に対してネガティブ・スピルオーバーが及ぶことになりかねない。逆に，働き方改革によって生み出された労働時間の削減分を，男性社員が家事・育児に配分すれば，仕事から私生活へのポジティブ・スピルオーバー，さらには妻を通じた肯定的なクロスオーバーも期待される。また，長時間労働のもとでのOJTを中心とする人材育成を主流としてきた日本企業において，労働時間が削

減されるということは，能力開発の一部が個人に移管されることを意味する。私生活における学び直しや多様な人々との交流を積極的に進める個人と，そうでない個人とで，職業人としての成長に差が出るとすれば，個人としても時間の配分先を意図的・戦略的に検討する必要性があるだろう。

　一方，「ワーク・ワーク社員」のうち，やりたいことややるべきことがない，あるいは気づいていない人達が，個人主導の生活改革を実現するためには生活改革に向けた意識改革が不可欠となる。そのためにはどうすればよいのか。

　その疑問への示唆の一つとして，育児休業取得を契機として男性社員の育児休業取得希望が高まるという分析結果がある。

　松浦（2017）は，2013年度から男性の育児休業取得率100％取得推進の取り組み（少なくとも１週間の取得を推奨）を継続している企業における，2013〜2015年度に育児休業を取得した男性社員に対するアンケート調査結果を分析し，育児休業を取得した当初と比較して，育児休業を経験した後のほうが育児休業の取得希望が高まっていることを明らかにしている（図表6-5）。また，長沼他（2017）は，男性の育児休業取得者・非取得者を対象として2016年に実施さ

図表6-5│ 育児休業取得前後の取得希望の変化

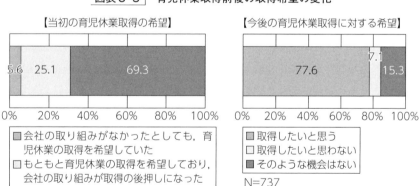

注：2013〜2015年度に育児休業を取得した男性社員を対象として，2016年７月〜８月にかけて実施されたWEB調査
出所：松浦（2017）より

れたインターネットモニター調査の分析を通じて，男性の育児休業取得が家事・育児参画の増加につながることを実証している。

さらに松浦（2018）は，前述の電機連合によるアンケート調査結果から，仕事と仕事以外の時間の使い方に関する本人の「けじめ」意識が，未就学児・配偶者と同居している父親の家族との夕食回数を増加させることを明らかにしている。

これらの研究からも，何らかの体験を通じた気づきによって働く人の意識が変化し，意識が変わることが仕事以外での行動の変容すなわち生活改革につながっていくことが示唆される。

⑵　生活改革への企業の関与

前述のとおり，仕事以外の私生活は個人の自由な領域であり，企業が直接的に介入することはできない。その大前提のもとで，働き方改革と生活改革の好循環に向けて企業ができることとしては，生活改革に向けた個人の意識改革のきっかけや場を提供することがあげられる。先の例でみると，子どもがいる男性の育児休業取得の促進は，意識改革のきっかけ作りの一つであるし，学び直しや多様な人々との交流に関する情報提供や助成といった支援も，個人の意識改革の後押しになると考えられる。

他方，企業が社員に対して在宅勤務などの柔軟な働き方を促していくことは，仕事と私生活との境界の統合につながることに留意する必要がある。

前述の，個人の「区分の選好」と職場の「区分の供給」の適合度に注目したKreiner（2006）は，「区分の選好」には多様性があるがゆえに「区分の供給」とのミスマッチが課題になるとし，「区分の選好」の多様性への対応として個人に選択の余地を与えることの重要性を説いている。

そういう意味では，これまでの恒常的な長時間労働を前提とする一律的な働き方が時間制約のある社員に「ワーク・ライフ・コンフリクト」をもたらしてきたように，仕事と私生活の境界の統合が一律的に運用されると，仕事と仕事以外の領域の「区分の選好」が高い（区分を望んでいる）社員に「ワーク・ライフ・コンフリクト」をもたらすことになりかねない。さらにいうと，多くの

企業で実施されている一律的な退社時間の設定も，「区分の選好」の多様性に対処できているとはいえない。

　働き方改革が働く人の仕事と仕事以外の「区分の選好」の多様性に対処できるようになるためには，個人が自分の「区分の選好」に応じて，メリハリある働き方を自律的に選択できるような環境を，企業が整備することが求められる。「上司が残業しているから帰れない」，「仕事を頼まれるかもしれないから帰れない」というよう現状においては，そもそも個人が働き方改革のメリハリを享受できる基盤が整備されていないといわざるを得ない。職務遂行のなかで「やるべきこと」の優先順位を個人が判断できるように，仕事の優先順位に関する基本的な価値観や情報を組織で共有することが肝要である。

　もちろん，「区分の選好」が高い（区分を望んでいる）社員の「ワーク・ライフ・コンフリクト」を回避するための配慮やルール作りも必要となろう。働き方を個人の自律性に委ねた結果，「区分の選好」が低い（区分を望んでいない）社員が多数派になったとしても，「区分の選好」が高い（区分を望んでいる）社員への配慮が不要になるわけではない。具体的には，時間制約のある社員が参加できない時間に会議を設定しない，私生活でメールを見たくない場合はそういう選択ができる，というような配慮やルール作りが想定される。

POINTS

◆ 働き方改革による労働時間削減分が，学び直しや多様な人々との交流，男性社員の家事・育児時間に配分されることが期待されているが，単に労働時間が削減されるだけでは，政府や企業が期待するような効果にはつながらないことが懸念される。働き方改革と生活改革は表裏であり，どうすれば両者の好循環につながるかを考えることも重要である。

◆ 仕事と私生活の双方に目を向けた研究としては，①「スピルオーバー」（Spillover）に代表される，仕事と私生活の相互の影響に注目した研究，②「バウンダリー・マネジメント」（Boundary Management）すなわち仕事と私生活の境界管理に関連する研究，③個人の成長もしくは組織の発展への関心から，仕事以外の活動の有効性に注目した研究といった

　　３つの潮流があり，それぞれ働き方改革・生活改革への示唆に富んでいる。

◆　働き方改革と生活改革の好循環に向けて企業ができることとしては，生活改革に向けた個人の意識改革のきっかけや場を提供することがあげられる。また，働き方改革が働く人の仕事と仕事以外の「区分の選好」の多様性に対処できるようになるためには，個人が自分の「区分の選好」に応じて，メリハリある働き方を自律的に選択できるような環境を，企業が整備することが求められる。

注

1　総務省「社会生活基本調査」（2016年）によると，6歳未満の子どもがいる男性のうち，家事・育児の行動者率は各31.8％，35.2％であり，つまり家事・育児を担っていない（15分未満を含む）者がそれぞれ6割を超えている。
2　介護については，要介護者と同居している主な介護者のうち35％が男性であり，年齢別には60歳以上が73.3％を占めている（厚生労働省「国民生活基礎調査」（2019年））。
3　2016年にフランスの労働法改革に盛り込まれて注目された「つながらない権利」も，「区分の供給」の手法の一つだといえよう。フランスの「つながらない権利」の意義や課題については細川（2019）で整理されている。
4　具体的には，「町内会・自治会・管理組合」，「地域のお祭り・行事」，「PTA，父母会，子ども会等」，「子どものスポーツクラブ」，「趣味やスポーツなどの集まり」，「ボランティア活動」，「大学・大学院等への通学」，「勉強会や異業種交流会などの定期的な集まり」，「その他の活動」を指す。

参考文献

石山恒貴（2018）『越境的学習のメカニズム　実践共同体を往還しキャリア構築するナレッジ・ブローカーの実像』福村出版.
佐藤博樹・松浦民恵（2019）「「変化対応行動」と仕事・仕事以外の自己管理―ライフキャリアのマネジメント―」『キャリアデザイン研究』Vol.15, pp.31-44.
島津明人（2014）「ワーク・ライフ・バランスとメンタルヘルス―共働き夫婦に焦点を当てて―」『日本労働研究雑誌』No.653, pp.75-84.
内閣府 仕事と生活の調和推進室（2011）『「ワーク」と「ライフ」の相互作用に関する調査報告書』.
内閣府 男女共同参画局（2019）『男女共同参画白書　令和元年版』.
長沼裕介・中村かおり・高村静・石田絢子（2017）「男性の育児休業取得が働き方，家事・育児参画，夫婦関係等に与える影響」『新ESRIワーキング・ペーパー』No.39.
中原淳（2012）『経営学習論　人材育成を科学する』東京大学出版会.

細川良（2019）「ICTが『労働時間』に突き付ける課題―『つながらない権利』は解決の処方箋となるか？」『日本労働研究雑誌』No.709，pp.41-51.

松浦民恵（2017）「『男性の育児休業』で変わる意識と働き方　100%取得推進の事例企業での調査を通じて」『基礎研レポート』2017年2月20日配信，pp.1-13.

松浦民恵（2018）「父親の家族との夕食回数　仕事と仕事以外の『けじめ』意識は夕食回数に影響するか」『生涯学習とキャリアデザイン』16(1)，pp.113-127.

松浦民恵（2019）「自律的に働くホワイトカラーの特徴－働く側本人の意識に注目して－」『生涯学習とキャリアデザイン』16(2)，pp.33-46

Arthur, M.B. & Rousseau, D.M.（1996）*The Boundaryless Career: A New Employment Principle for a New Organizational Era*, Oxford University Press.

Hall, D.T.（1996）"Protean Careers of the 21st Century", *Academy of Management Perspectives*, Vol.10, No.4, pp.8-16.

Jacobs, J., Ollier-Malaterre, A. & Rothbard, N.（2018）"Technology, Work and Family: Conceptualizing Multiple Boundaries"（Work and Family Researchers Network, WFRN 2018 Conference）.

Kreiner, G.E.（2006）"Consequences of work-home segmentation or integration: a person-environment fit perspective", *Journal of Organizational Behaviour*, 27, pp.485-507.

Nippert-Eng, C.E.（1996）*Home and Work: Negotiating Boundaries through Everyday Life*, University of Chicago Press.

Super, D.E.（1980）"A Life-Span, Life-Space Approach to Career Development", *Journal of Vocational Behavior*, Vol.16, pp.282-298.

Valcour, M.（2007）"Work-Based Resources as Moderators of the Relationship Between Work Hours and Satisfaction with Work-Family Balance", *Journal of Applied psychology 2007*, Vol.92, No.6, pp.1512-1523.

Zerubavel, E.（1991）*A Fine Line: Making Distinctions in Everyday Life*, University of Chicago Press.

索　引

■著者紹介

佐藤博樹（さとう・ひろき）
序章，第4章，第5章
責任編集者紹介を参照。

松浦民恵（まつうら・たみえ）
序章，第1章，第3章，第6章
法政大学キャリアデザイン学部教授。博士（経営学）。
専門は人的資源管理論，労働政策。
著書に『営業職の人材マネジメント―4類型による最適アプローチ』（中央経済社，2012年），「企業における女性活躍推進の変遷―3つの時代の教訓を次につなげる」（佐藤博樹・武石恵美子編『ダイバーシティ経営と人材活用』東京大学出版会，2017年）などがある。
中央大学大学院戦略経営研究科客員教授を兼任。厚生労働省・労働政策審議会の職業安定分科会労働力需給制度部会公益委員，中央最低賃金審議会公益委員などを務める。

高見具広（たかみ・ともひろ）
序章，第2章
独立行政法人労働政策研究・研修機構副主任研究員。
専門は産業・労働社会学。
論文に「働く時間の自律性をめぐる職場の課題―過重労働防止の観点から」（『日本労働研究雑誌』677号，2016年），「出産・育児期の就業継続における就業時間帯の問題―復職後の同一就業継続に焦点を当てて」（『社会科学研究』64巻1号，2012年）などがある。

■責任編集者紹介

佐藤博樹（さとう・ひろき）

中央大学大学院戦略経営研究科（ビジネススクール）教授。東京大学名誉教授。
専門は人的資源管理。

著書に『新訂・介護離職から社員を守る』（共著，労働調査会，2018年），『人材活用進化論』（日本経済新聞出版，2012年），『職場のワーク・ライフ・バランス』（共著，日本経済新聞出版，2010年）など。

兼職として，内閣府・男女共同参画会議議員，内閣府・ワーク・ライフ・バランス推進官民トップ会議委員，経済産業省・新ダイバーシティ経営企業100選運営委員会委員長など。

武石恵美子（たけいし・えみこ）

法政大学キャリアデザイン学部教授。博士（社会科学）。
専門は人的資源管理論，女性労働論。

著書に『キャリア開発論』（中央経済社，2016年），『国際比較の視点から日本のワーク・ライフ・バランスを考える』（編著，ミネルヴァ書房，2012年），『雇用システムと女性のキャリア』（勁草書房，2006年）など。

兼職として，厚生労働省・労働政策審議会の障害者雇用分科会，雇用環境・均等分科会，人材開発分科会，経済産業省・新ダイバーシティ経営企業100選運営委員会委員など。

シリーズ　ダイバーシティ経営

働き方改革の基本

2020年10月30日　第1版第1刷発行

責任編集	佐	藤	博	樹
	武	石	恵 美子
著　者	佐	藤	博	樹
	松	浦	民	恵
	高	見	具	広
発行者	山	本		継

発行所　㈱中央経済社

発売元　㈱中央経済グループ
　　　　パブリッシング

〒101-0051　東京都千代田区神田神保町1-31-2
電話　03 (3293) 3371(編集代表)
03 (3293) 3381(営業代表)
http://www.chuokeizai.co.jp/
印刷／㈱堀内印刷所
製本／㈲井上製本所

ⓒ 2020
Printed in Japan

あなたに合った手法がきっと見つかる！

労働・職場調査ガイドブック

―多様な手法で探索する働く人たちの世界―

梅崎 修・池田心豪・藤本 真[編著]

Ａ５判・ソフトカバー・260頁

目 次

中央経済社